中外文稀有版本文献

《哲学的贫困》

④

哲学之贫乏

【德】卡尔·马克思 ◎ 著
许德珩 ◎ 译

中央编译出版社
CCTP Central Compilation & Translation Press

《哲学的贫困》的出版与传播

（代序）

蒲鲁东的《贫困的哲学》发表于1846年，从恩格斯给马克思的信中可知，马克思迅速做出反应并于1847年1月开始用法文写《哲学的贫困》。1847年4月初，这部著作基本完成并付印。6月15日，马克思为该书作了序言。1847年7月，《哲学的贫困》交卡·格·福格勒出版社在布鲁塞尔出版，共印800册，其中的150册运交给巴黎的出版商弗兰克，因而弗兰克的名字也刊印在《哲学的贫困》的扉页上。在这之后，在马克思的有生之年里，法文版《哲学的贫困》没有再版。

一 《哲学的贫困》在马克思和恩格斯生前及欧美世界的传播

《哲学的贫困》出版不久就产生了实际的影响，恩格斯在1847年9月给马克思写信，告诉他一个消息，即海尔贝格在比利时工人协会的会议上用法语作了一个演说，海尔贝格表示，“工人协会”是他最近几个月来所追求的目标，并且指出，他之所以坚定了这个信念是“有幸读了《哲学的贫困》最后一章”①。

① 《马克思恩格斯全集》第47卷，北京：人民出版社2004年版，第474页。

然而，这部著作最初的发行还有一些波折。在当时，每一本新书出版后，出版社都会给作者一定数量的免费赠书，这样，作者可以将这些免费赠书有选择地赠予有关人士，从而达到宣传或推销的目的。马克思也在《哲学的贫困》出版后制定了一个赠书名单，其中包括路易·勃朗。恩格斯与路易·勃朗的多次接触和交谈过程中发现他并未得到《哲学的贫困》，直到1847年11月13日，恩格斯“才终于出乎意料地知道”①，出版商弗兰克给每本赠书加收15苏②，以致大量的书积压在弗兰克手中，没有及时传播。

《哲学的贫困》法文第一版的印数不多，传播和发行渠道又受到政府的管制，因此总体效果不够理想。1880年，法国的茹尔·盖得的机关报《平等报》编辑部向马克思提出请求，希望可以刊登转载《哲学的贫困》中的几个段落。马克思同意，并专门写了《关于〈哲学的贫困〉》的引言，阐述了重刊此书的历史意义，但是完整的版本也未能再版。马克思生前的这个唯一的版本还曾在俄国传播，他在致库格曼的信中写道，他找不到任何一个地方像俄国那样普及他的一些著作，例如《哲学的贫困》和《政治经济学批判》。实际上，早在19世纪40年代，俄国先进的社会人士和政治活动家就已经熟知科学共产主义创始人的最重要著作，其中包括《哲学的贫困》法文第一版，它出现在彼得拉舍夫斯基派的图书馆里。

1885年1月下旬，经恩格斯审定，伯恩施坦和考茨基合译的《哲学的贫困》德文第一版在斯图加特出版。根据马克思在1876年1月1日送给娜·吴亭娜的一本1847年法文版上的修订，在校订过程中，恩格斯对文本做了许多的修改，加了许多注释。在附录中，恩格斯还收入了几篇相关文章：（1）马克思《论蒲鲁东》一文，摘自1865年《社会民主党人报》；（2）1859年柏林出版的马克思《政治经济学批判》的片断，即约翰·格雷提出的劳动货币交换乌托邦一段；（3）马克思于

---

① 《马克思恩格斯全集》第47卷，北京：人民出版社2004年版，第494页。
② 比利时当时的货币单位。

1848年发表的《关于自由贸易问题的演说》，“这个演说和《哲学的贫困》属于著者的同一个发展时期”①。更为重要的是，恩格斯在为其所作的序言中，通过批判德国崇拜“国家社会主义”的理论家、经济学者洛贝尔图斯，揭示了马克思的经济学说在19世纪40至60年代的创立过程，这使得德文第一版《哲学的贫困》在19世纪80年代更具有现实意义。

一般说来，《哲学的贫困》出版后过了40年才开始真正产生影响。在19世纪60年代，虽然当时有针对德国社会民主党的“非常法”，但工人革命运动的政治力量还是增长了。在马克思于1883年逝世后没几天，在哥本哈根举行的社会民主党代表大会的与会者们便决定以无愧于马克思学说创始人的方式来宣传他的学说。此时，除了中央机关报《社会民主党人报》外，理论刊物《新时代》也作为社会民主党的定期刊物开始出版发行。一年后，德国社会民主党在1884年10月举行的国会选举中获得了约550000张选票和24个议席。1883年，恩格斯的著作《社会主义从空想到科学的发展》的德文版发行了，《共产党宣言》出了新德文版，恩格斯最关心的《资本论》第1卷德文第三版也问世了，1884年还出版了恩格斯的著作《家庭、私有制和国家的起源》。这种强大的攻势并没有到此为止。1885年初，由爱德华·伯恩施坦和卡尔·考茨基主持并受到恩格斯关怀的马克思的《哲学的贫困》德文版出版了，只有出了这个德文版，这部著作才获得了世界的承认。随后《资本论》第2卷德文第一版和《反杜林论》第二版出版。其中，马克思的《哲学的贫困》为社会民主党提供了重要的论据，当时，德国社会民主党是国际工人运动中最先进的部分，按照恩格斯的评价，它最懂得在阶级斗争的三个方面，即在经济、政治和理论方面互相配合、互相联系，并有计划地领导阶级斗争。

① 《马克思恩格斯文集》第4卷，北京：人民出版社2009年版，第214页。

在《资本论》第1卷出版后，洛贝尔图斯著文指责马克思“剽窃”了他，并且“不指明出处”就大量使用了他的著作《关于我们国家经济制度的认识》。实际上，马克思在世时，既没有读过洛贝尔图斯的上述著作，也没有读到他的指责，因而马克思没有对这种无端的指责进行驳斥。马克思逝世后，恩格斯为马克思作了公正的辩护。他对洛贝尔图斯的答复一部分放在《资本论》第2卷的序言里，另一部分则放到了《哲学的贫困》的序言中。“没有别的办法，因为这两本书将同时出，而指责是洛贝尔图斯本人十分明确地提出来的。在《资本论》里我得庄严郑重，而在《贫困》的序言里我可以畅所欲言。”① 在《哲学的贫困》的序言中，恩格斯指出，洛贝尔图斯所谓的马克思从他那里借用的思想，英国的经济学家早就表述过，是洛贝尔图斯的“惊人的无知”才造成了他的“肆意诽谤”。1885年1月初，这篇序言就以《马克思和洛贝尔图斯》为题刊登在《新时代》杂志第1期上。

马克思的《哲学的贫困》恰恰在当时具有一种马克思从未料到的意义。恩格斯利用这个机会提醒人们参悟马克思的《资本论》，相反，几个月后恩格斯在《资本论》第2卷的《序言》中又提醒人们参看马克思的《哲学的贫困》。如果没有马克思主义的主要著作《资本论》自1867年以来产生的影响，我们很难想象马克思的《哲学的贫困》会产生什么样的影响；这两者具有不可分割的联系，相互影响。卡尔·考茨基1886年在《新时代》上发表的一组文章《〈哲学的贫困〉与〈资本论〉》提醒人们注意这一联系，从中，主要是社会民主党的干部、议员和编辑们得到了重要的指导方针。马克思虽然在1883年逝世了，但他的学说却越来越成为工人运动的思想指针，并使一般精神生活革命化了。

在恩格斯逝世前后，《哲学的贫困》又出版了几种译本：1891年，在西班牙的马德里出版了由梅萨翻译的《哲学的贫困》的修订第一版；

① 《马克思恩格斯全集》第36卷，北京：人民出版社1975年版，第202页。

1892年，德文第二版出版；除德文第一版序言外，恩格斯又为其作了一篇简短的序言，纠正原文中两处不准确的地方；1895年，意大利文第一版在博洛尼亚出版。恩格斯逝世后，1896年，马克思的女儿劳拉·拉法格整理的法文版第二版出版，该版也根据马克思送给娜·吴亭娜一书上的修正做了更正。其实，早在1885年恩格斯出版德文第一版时，劳拉·拉法格也正准备出版法文第二版，但是这一版的准备工作拖延了。直到恩格斯逝世以后，这一版才在巴黎出版。1898年，由巴加洛夫翻译的保加利亚文第一版在瓦尔纳出版；1900年，由科维尔奇翻译的英文第一版在伦敦出版；等等。从那时起，《哲学的贫困》被翻译为30多种文字在许多国家出版。以英文版为例，《哲学的贫困》至今已经发行了很多版本并多次再版。

英文版中引用最多、最为权威的版本是1976年出版的《马克思恩格斯全集》第4卷，英文版编者对《哲学的贫困》的基本概括一直影响着英语世界，如“马克思的《哲学的贫困》是成熟的马克思主义的最早著作之一”，“《哲学的贫困》是马克思作为一个经济学家的初次公开露面”，“这是第一次发表的概述马克思经济学理论基本论点的著作，这些论点是形成马克思主义政治经济学的出发点”，“在《哲学的贫困》中，马克思简洁而明确地表达了唯物主义历史观的本质”①，等等诸如此类的判断。

目前为止，欧美世界主要语种均出版了《马克思恩格斯全集》，包括英语、德语、法语、西班牙语、葡萄牙语、塞尔维亚语、波兰语、匈牙利语等，而各种语言的《马克思恩格斯全集》中无一例外均收录了《哲学的贫困》，因此，可以说，《哲学的贫困》是马克思、恩格斯经典著作中在欧美世界普及率最高的著作之一。

① *Karl Marx Frederick Engels Collected Works*, Volume 6, pp.7-8.

二 《哲学的贫困》在苏联的传播[①]

十月革命前后，《哲学的贫困》在俄国的普及率极高，从1886年第一个俄译本出现到苏联时期多次重译与再版，无不体现着这部著作对苏联民众的巨大影响，从而间接影响到我国；因此，厘清《哲学的贫困》在十月革命前后的出版历史，对我们在当今时代审视《哲学的贫困》的重要思想，具有不可或缺的启示意义。

1883年8月，第一个俄国马克思主义团体“劳动解放社”在日内瓦成立，它在成立之初随即发出了“关于出版《现代社会主义丛书》的通告”，从这时起，马克思恩格斯著作的俄译本就在这套丛书内作为该社的正式出版物发行。一方面，由于该社的译本都在国外出版，且是全文，避开了书报检查制删减的威胁。另一方面，恩格斯给劳动解放社的出版活动提供了大量帮助。所以，劳动解放社的译本是十月革命前期的最优秀的译本。

在1884年3月2日，查苏里奇就致信恩格斯，请求他允许他们将《哲学的贫困》以俄文出版，并希望恩格斯把当时打算为准备付印的该书德文第一版所写的序言寄去，再看看校样提出意见。四天后，恩格斯致信查苏里奇：“《哲学的贫困》俄文译本出版的日子，不论对我或对马克思的女儿们来说，都将是一个节日。不言而喻，我是很愿意把对您也许有用的一切材料提供给您的。我的意见如下：除了德文译本，目前正在巴黎出版一个新的法文版本。我正在为这两个版本写一些注释，我将把注释的全文寄给您。马克思在柏林《社会民主党人报》（1865年）上发表的一篇《论蒲鲁东》的文章，可以用来作为序言，这篇文章差不多完全包括了我们所需要的东西……这篇文章只

① 这部分内容参照了姚颖的论文，《〈哲学的贫困〉在马克思恩格斯逝世前后及苏联时期出版史述要》，载《新东方》2009年第12期。

保存下来一份……如果在马克思或我的文稿里找不出第二份（几星期之内我就可以知道），那么您能很容易地通过伯恩施坦弄到一个抄本。我一定要给德文版专门写一篇序言……在我看来，俄国读者对此恐怕是不会感兴趣的，因为我们的冒牌社会主义者还没有渗透到他们当中去。但是，您对这一点会有自己的看法，这篇序言如果您认为有用，您可以自行处理。"[①] 据此，《哲学的贫困》俄文第一版于1886年在日内瓦出版时，查苏里奇加入了恩格斯为德文第一版写的序言。除此之外，还在附录中刊载了马克思在科隆陪审法庭上的辩护词的片段及《政治经济学批判》的片段。

19世纪后半期的沙皇俄国属于高压统治，严格的书报检查制度禁止一切有关马克思主义的出版物在俄国社会中传播，劳动解放社许多的出版物都是用手抄本的形式流传。但是，在19世纪90年代后半期突然出现了一种"非常独特的现象"，"在一个完全没有出版自由的专制制度国家里，在凶恶的政治反动势力对于任何一点政治不满情绪和反抗表示都肆意摧残的时代，革命的马克思主义的理论忽然打开了一条出现于受检查的刊物上的道路，而用来说明这个理论的语言虽然是伊索寓言式的，但终究是一切'感觉兴趣的人'都可以理解的。政府只惯于把（革命的）民意主义的理论当作危险的理论，却照例没有发觉这一理论的内部演变过程，而欢迎一切对这个理论的批评。等到政府醒悟过来的时候，等到书报检察官和宪兵这支笨重的军队终于发觉了新的敌人而加以攻击的时候，已经过去了不少的（照我们俄国的尺度来计算）时间了。在这个时期，马克思主义的书籍一本又一本地出版了，马克思主义的杂志和报纸相继创办起来了，大家都纷纷变成了马克思主义者，人们都来奉承马克思主义者，向马克思主义者献殷勤，出版家因为马克思主义书籍的畅销而兴高采烈"[②]。正因为如此，1898年，俄国基辅的库什涅列夫协会印刷厂公开出版了《哲学的贫困》第一章的单行本。但为

① 《马克思恩格斯全集》第36卷，北京：人民出版社1975年版，第121—122页。

② 《列宁全集》第1卷，北京：人民出版社1972年版，第233页。

了迎合书报检察机关的意旨，书中没有指明作者是谁，并歪曲了马克思有关革命实质的主张。

1899 年 5 月 1 日，波波夫翻译的《哲学的贫困》被书报检察机关禁止，并且禁止劳动解放社的《哲学的贫困》在俄国的宣传。1901 年，贾布利茨基和皮亚京出版社公开出版了由皮亚京和别利亚夫斯基从法文版译过来的《哲学的贫困》完整译本。上面还带有恩格斯的序言，但很快被沙皇政府没收了。书报检察官认为，该书在其现在的形式中，包含了旨在摧毁现存经济制度、国家制度和社会制度的论断，以及对预言无产阶级革命的、社会主义和共产主义的有害学说的宣传。由于国内局势紧张，不断的工人罢工，农民运动和学生运动的加剧，沙皇政府加大了书报检查的力度，1900 年至 1905 年，马克思恩格斯著作不能在俄国公开出版，只能在国外发行，主要在日内瓦。

1905 年至 1907 年，随着国内政治格局的变动，沙皇政府放松了书报检查，允许马克思主义的传播。至此，马克思恩格斯著作大量出版发行，迎来了俄文版传播史上的一次高潮。1905 年“启蒙”书籍出版社出版了由乌尔里希翻译的《哲学的贫困》，该书包括恩格斯为德文第一版所作的序言和马克思的《论蒲鲁东》。孟什维克在《知识就是利益》这个期刊的 1908 年第 1、2 期上，刊登了《哲学的贫困》《格雷是蒲鲁东的先驱者》《关于自由贸易问题的演说》这几篇文章。1908 至 1917 年，由于 1905 年革命失败，马克思主义的著作被大量销毁。因此，《哲学的贫困》没有再版。

十月革命胜利以前，人民渴望阅读马克思的政治文献，但当时的条件在客观上制约了马克思恩格斯著作的出版，加上沙俄时期对马克思恩格斯文献的毁灭性的删减。在苏维埃政权建立之初，文献出版的条件极其艰苦，“印刷设备损坏、纸张和油墨缺乏、有经验的出版印刷干部奔赴前线和阵亡”。更为重要的是，此时苏维埃俄国还没有一个统一的马克思学研究和出版中心。马克思恩格斯的著作不仅在莫斯科和彼得格勒的中央出版社出版，而且也在阿尔汉格尔斯克、库尔斯克、基辅、哈尔科夫、雅罗斯拉夫尔、塔什干、伊尔库茨克、明斯克等许多城市出版。由于出版社分散且没有统一的监督，因此只能翻印革命前的马克思恩格斯著作的版本，但好多都是被沙皇政府的书报检察机关删改得不成样子的版本。在当时，《哲学的贫困》就有查苏里奇、皮亚京及别利亚夫斯基、阿列克谢耶夫和乌尔里希几个译本。

1918 年，《马克思恩格斯全集》俄文第一版第一次启动。在版本的编排计划中，曾打算第 2 卷收录《哲学的贫困》。但众所周知，从 1918 年到 1922 年的四年内，《马克思恩格斯全集》第一版的第一次启动仅出版了 4 卷：第 3、4、5、6 卷。第 3 卷收录了马克思恩格斯在 1848 至 1849 年革命和巴黎公社经验基础上所写的最重要的历史学著作；后 3 卷则是《资本论》的内容。

为了能集中出版事业，苏维埃人民委员会于 1919 年 5 月 19 日颁布了关于创立国家出版社的法令。沃洛夫斯基被任命为国家出版社的负责人。检查整个共和国范围内的出版活动就属于国家出版社的重要职责之一。为此，国家出版社下设了一个专门委员会，即马克思委员会，检查对马克思恩格斯著作翻译和再版，梁赞诺夫、斯克沃尔佐夫、斯捷潘诺夫、沃尔夫松、梅谢里亚科夫是委员会的成员。这时出版了一些按原文校订过的重要著作的译本，其中就包括《哲学的贫困》。

1920 年 12 月 8 日，俄共（布）中央全会作出决定，建立世界上第一个马克思主义博物馆；1921 年 1 月 11 日，根据梁赞诺夫的倡议，俄共（布）组织局决定，这个新的机构改组为马克思恩格斯研究院，使之成为收集、研究和科学发表马克思主义经典作家著作的科学中心。从 1923 年起，马克思恩格斯研究院展开了出版活动，他们不仅着手出版《马克思恩格斯全集》，还要重新刊印马克思恩格斯某些最重要的著作。1928 年，在马克思恩格斯研究院第一任院长梁赞诺夫的主持下，下设在研究院内的国家出版社出版了由维·查苏里奇翻译、普列汉诺夫校订的《哲学的贫困》单行本。梁赞诺夫亲自为其作序。在这个单行本中，不仅收入了恩格斯为德文版第一、二版作的序言，卡尔·马克思的《论蒲鲁东》，还将1846年12月28日马克思致帕·瓦·安年科夫的信作为附录收入。在单行本的末尾还附有详细的注释和人名索引。1929年，该单行本的正文被收入《马克思恩格斯全集》俄文第一版的第5卷中。梁赞诺夫在这卷的"编者序"中指出："确实，这个译本不是从原文，而是从德文翻译过来的，但我们认真地核对了1847年法文版的原本。……恩格斯为德文版写的序言连同恩格斯在1883至1895年写的其他文章都将收录在第13卷中。"1930年，该单行本再版。

1938年11月14日，联共（布）中央委员会在《关于〈联共（布）党史简明教程〉出版后的宣传工作的决议》中揭露了马克思主义经典作家著作出版中的严重错误。中央委员会要求研究院的工作人员从根本上改革全部工作体系，并指出"清理意识形态部门的疏忽，特别要在马恩列研究院不合格的工作中寻找容许在马克思恩格斯全集翻译成俄语时歪曲和不准确的言辞出现的疏忽"的必要性。决议责成研究院在短期内修正被歪曲的内容，尽快重新出版《马克思恩格斯全集》。因此，从1939年起，开始了苏联出版和发表马克思恩格斯著作的新时期。1939至1940年，苏联马恩列研究院重新出版了一系列马克思恩格斯的著作，包括两卷本的马克思著作选集、《共产党宣言》《社会主义从空想到科学的发展》《雇佣劳动与资本》《工资、价格和利润》《德国农民战争》《法兰西阶级斗争》《费尔巴哈论》《路易·波拿巴的雾月十八日》和《关于共产主义者同盟的历史》等。1941年，新版《哲学的贫困》俄文单行本问世。

1955年，译自法文第一版，并参考了1885年与1892年德文版、1896年法文第二版所作修正的俄文版《哲学的贫困》被收入《马克思恩格斯全集》俄文第二版第4卷。恩格斯为德文第一、二版所作的序言分别被收入《马克思恩格斯全集》俄文第二版的第21、22卷。1956年，苏联国家政治书籍出版社根据《马克思恩格斯全集》俄文第二版的版本出版了《哲学的贫困》单行本，共184页。除正文之外，还包括马恩列研究院所作的说明，恩格斯为德文版第一、二版所作的序言及附录。附录包括1846年12月28日马克思致帕·瓦·安年科夫的信、《关于自由贸易问题的演说》《政治经济学批判》（摘录）以及《论蒲鲁东》四篇文章。从那时起到1973年，《哲学的贫困》单行本在苏联曾以14种语言出版了33次，总印数达到683000份。此后，苏联再没有出版过该书的新版本。

三　国内主要版本和传播情况

《哲学的贫困》是马克思主义在中国传播的重要著作之一，是中国人了解的第一批马克思的主要著作之一。《哲学的贫困》在中国的传播对于马克思主义哲学原理的系统化，对于马克思主义中国化的意义和作用是不容忽视的。

（一）新中国成立前的版本与传播

1903年2月25日，马君武在日本留学生主办的《译书汇编》杂志上发表了题为《社会主义与进化论比较》一文，在介绍西方的社会主义思想时，马君武提到了马克思，并且第一次用“唯物史观”和“阶级斗争”学说来概括马克思的理论。他虽然对马克思思想的实质还缺乏深邃的洞见，但是他已经充分意识到马克思思想的极端重要性以及对改造旧中国的巨大理论和实践意义。在这篇文章的最后，马君武特意列举了西方著名社会主义思想家的代表著作，在马克思的名下列有《英国工人阶级状况》《哲学的贫困》《共产党宣言》《政治经济学批判》和《资本论》，这也许是中国人第一次通过中文知道这部著作。

1903年3月，维新派开办的上海广智书局出版了赵必振翻译的《近世社会主义》一书，作者是日本人福井准造，这是近代中国较为系统地介绍社会主义学说的第一部译著。书中有“加陆马陆科斯（即卡尔·马克思）及其主义”一章，简要介绍了马克思的生平与活动，其中提到了《哲学的贫困》（当时译作《自哲理上所见之贫困》）的写作过程，而且，《哲学的贫困》中一些重要概念，如“生产力”“生产关系”“唯物史观”“剩余价值”“阶级斗争”“社会主义”等，已经由日语译为中文，开始形成最初的马克思主义理论的概念体系。

1918年底，李大钊在北京大学组织了马克思主义研究团体，即“马尔克斯学说研究会”，到1920年，研究会已经初具规模并开展经常性的研究活动，特别值得一提的是，在李大钊的建议下，研究会建立了中国第一个马克思主义著作的图书室，命名为“亢慕义斋”，收藏有英文版的《哲学的贫困》，还有《共产党宣言》《雇佣劳动与资本》《路易·波拿巴的雾月十八日》《法兰西内战》等英译本。1919年5月，李大钊在《新青年》“马克思号”专辑中发表了《我的马克思主义观（上）》这一长篇论文。李大钊在文中不仅第一次系统介绍了马克思的学说，而且还通过日本学者河上肇的译文，集中展现了马克思表述唯物史观的主要著作，并且直接引用了《哲学的贫困》中的论述，这是中国人第一次了解到该书的内容，这也是书中内容第一次被译为中文，尽管只有简短的一段话。

他写道：

> 他那历史观的纲要，稍见于一八四七年公刊的《哲学的贫困》，及一八四八年公布的《共产者宣言》。而以一定的公式表出他的历史观，还在那一八五九年他作的那《经济学批评》的序文中。现在把这样著作里包含他那历史观的主要部分，节译于下，以供研究的资料。
>
> （一）见于《哲学的贫困》中的：“经济学者蒲鲁东氏，把人类在一定的生产关系之下制造罗纱、麻布、绢布的事情，理解地极其明了。可是这一定的社会关系，也和罗纱、麻布等一样，是人类的生产物，他还没有理解。社会关系与生产力有密切的连络。人类随着获得新生产力，变化其生产方法；又随着变化生产方法，——随着变化他们的生活资料的方法——他们全变化他们的社会关系。

手臼造出有封建诸侯的社会。蒸汽制粉机造出有产业的资本家的社会。而这样顺应他们的物质的生产方法，以建设其社会关系的人类，同时又顺应他们的社会关系，以作出其主义、思想、范畴”①。

另一位热情宣传马克思主义的先驱者陈独秀于1922年5月5日，即马克思诞辰104周年之际发表了题为《马克思的两大精神》的一篇短文，陈独秀在文章中谈道：“马克思的唯物史观虽然没有专书，但是他所著的《经济学批判》《共产党宣言》《哲学之贫困》三种书里都曾说明过这项道理。”②

李达也是中国共产党建党之前宣传马克思主义的理论家之一，更是堪称建党初期马克思主义出版事业的主要开创者与奠基人。在1921年党的一大上，李达被选为宣传部主任，主管党的宣传出版工作，他还担任中国共产党的第一个党刊，即《共产党》杂志的主编，并参加了《新青年》的编辑工作。1921年9月1日，李达在《新青年》第9卷第5号上登载了《人民出版社通告》，公布了该社当年的出版计划，准备出版“马克思全书”15种，包括《马克思传》《工钱劳动与资本》《价值价格与利润》《哥达纲领批评》《共产党宣言》《法兰西内战》《资本论入门》《剩余价值论》《经济学批评》《革命与反革命》《自由贸易论》《神圣家族》《犹太人问题》《历史法学派之哲学宣言》与《哲学之贫困》。从“马克思全书”的内容上看，涵盖了马克思主义哲学、政治经济学和科学社会主义三个组成部分。这一出版计划由于历史原因未能及时地落实。

1928年上海《思想》月刊第2、3期上发表了李铁声翻译的《〈哲学底贫困〉底拔萃》，这里节译的是该书的哲学内容的片断。译者是根据日本学者浅野晃编辑的《马克思主义的方法的形成——〈哲学的贫困〉中问题的提出与问题的解决》一书的顺序编辑的，该译本有选择

① 参见1919年5月、11月《新青年》第6卷第5、6号上的《我的马克思主义观》。

② 《陈独秀文章选编》，北京：生活·读书·新知三联书店1984年版，第193页。

地节译了《哲学的贫困》中的部分内容，并添加了标题，文前译者撰写了序言。以译者为第二章拟定的标题为例：

唯物史观底形成

唯物史观

（A）社会底经济形态底发展过程。（近代有产者的生产方法底成立）

（B）社会形态底内的连络底探究，—交互作用与决定要因。对立底均衡。

1. 一般的概括（下层建筑与上层建筑）

2. 经济构造。生产力与生产关系（阶级关系）

3. 物质生产底总过程（生产—交换—分配—消费）与社会的生活过程

4. 法制的，政治的生活过程

5. 意识过程

（C）变革的实践。（人们只在能变革的时候才变革。然而，人们要变革。）

从译者为《哲学的贫困》第二章拟定的标题看，当时的人们已经初步理解并掌握唯物史观的主要观点，即生产力决定生产关系、经济基础决定上层建筑这两对社会基本矛盾的原理，并使之合逻辑地引申出阶级斗争和革命的观点。1929 年 10 月，上海水沫书店出版了杜竹君翻译的《哲学之贫困》，这是第一个中文全译本。书前附德文第一版的序言和德文第二版的按语，书后附录包括《论蒲鲁东》《政治经济学批判》第二章 B，即关于货币计量单位的学说，以及《关于自由贸易问题的演说》三篇文章。该版的译者附言写于 1929 年 6 月 15 日。1930 年 10 月，水沫书店再版该书，1946 年 5 月，该版又在作家书屋重印，1947 年 10 月和 1949 年 2 月，作家书屋又发行了第二版和第三版。从《政治经济学批判》和《共产党宣言》转向《哲学的贫困》，说明中国共产党对马克思唯物史观译介的视野拓展了。上海亚东图书馆于1930年4月出版了由程始仁编译的《辩证法经典》，该书摘译了八篇马克思和恩格斯关于唯物辩证法的论述，其中包括《哲学的贫困》第二章第一节和第五节的后半部分，篇名为“政治经济学的形而上学”。1930年8月，上海山城书店出版了巴克编译的《社会主义底基础》一书，这是一本文摘性专题集，由《哲学的贫困》等30余篇著述节译组成。

1932年7月，北平东亚书局出版了许德珩翻译的《哲学之贫乏》，该版根据1922年巴黎出版的法文本，同时参阅了1920年美国出版的英文本和日译本，因而是一个更为完善的译本。

许德珩在《我翻译〈哲学之贫乏〉的经过》一文中写道，“我之翻译马克思《哲学之贫乏》一书，是当时某些人宣传无政府主义言论的情况下，针对这股思潮而进行的”，“通过二八运动和争回里大的斗争，使我明确认识到：勤工俭学的理想在当时的社会里是很难实现的。无论是实行工读主义还是勤工俭学主义，都不能达到改造社会的目的，只有在马克思主义的指导下进行社会革命才是唯一的出路。从而增强了我攻读马克思主义经典著作的信心和决心，同时对于无政府主义的一套理论也更加不信任”①。1929年秋，上海一家出版社诚邀许德珩翻译马克思的《哲学的贫困》，许德珩欣然接受，他说：“我想无政府主义思潮在国内甚是泛滥，马克思的这本书正是批判无政府主义的经典之作，译成中文，亟有必要，于是我就接受了。动手是在这年的十月初。可巧在我翻译了三分之一的时候，一天下午路过上海书店最多的四马路（今为福州路），忽然看见一家书店门口悬着大字广告牌，牌上写着‘《哲学之贫困》出版了’。我看了又是欢喜，又是懊悔。欢喜的是，这本书已经出版，令人高兴；懊悔的是我竟然白花费了那些功夫去翻译别人已经出版的书。于是打定主意，决定不再翻译它了。回家来就把这个已经译起

① 《马克思恩格斯著作在中国的传播》，北京：人民出版社1983年版，第57、59页。

四万多字的稿子捆束起来，置之高阁，一方面写信给这家书店老板，表示自己愿意放弃这种工作。这本书在当时就如此搁置下来。”[①] 后来，许德珩发现前译本存在许多问题，于是重下决心继续开始翻译工作。这一译本在马克思主义翻译和传播历史上具有一定意义，在此之后，怎样更准确、更全面、更深刻地把握马克思的唯物史观就成为中国人的一个重要课题。

1942 年至 1944 年期间，何思敬在抗日战争的艰苦条件下，在延安中央党校完成了《哲学的贫困》一书的翻译工作，这一版的主要特点是参照了英文译本，并在译文中增加了“英文版注”。由于抗战后期与解放战争时期的流动性大，这一版直到 1949 年 9 月才由解放社出版，11 月又在北京、大连、上海等地同时翻印。1950 年 12 月，中国人民大学重印，书前译者注明“教学用书、非卖品”。1953 年 11 月，第二版第 3 次印刷时改由人民出版社出版，至 1972 年 7 月为第二版第 7 次印刷。

（二）新中国成立后的版本与传播

新中国成立以后，中国共产党高度重视马克思主义经典著作的编译工作，并自 1956 年起，中央编译局开始陆续出版《马克思恩格斯全集》（中文第一版），并在第 4 卷中收录了《哲学的贫困》全文，该卷出版于 1958 年 8 月。这一版本针对的是普通工人群众，因此，对于一些基本的哲学术语，编译者都利用注释加以说明，如“形而上学”[②] 概念。

1961 年 11 月，人民出版社发行了未署译者名的单行本，这一版的正文和注释均采用《马克思恩格斯全集》第 4 卷的译文，恩格斯写的两篇序言是由徐坚新译的，附录中的四篇译文分别采用已出版的马克思著作。1965 年 9 月，该版进行了第 11 次印刷。另外，1964 年 10 月，

① 《马克思恩格斯著作在中国的传播》，北京：人民出版社 1983 年版，第 61 页。
② 《马克思恩格斯全集》第 4 卷，北京：人民出版社 1958 年版，第 138 页。

该版还刊行了一种16开大字本，分三册平装。

自20世纪60年代起，中央编译局开始编选《马克思恩格斯选集》，这是中国读者盼望已久的一套书，但是，四卷本的《马克思恩格斯选集》刚刚印好就爆发了“文化大革命”，这些印好的著作只能被尘封在书库里长达6年之久。1971年，周恩来总理主持召开了全国出版工作座谈会，并明确指示要重新编辑出版四卷本《马克思恩格斯选集》。这套书于1972年5月出版，其中节选了《哲学的贫困》第二章中的部分内容。

这期间，依据中共中央编译局的译文，人民出版社还出版了几种《哲学的贫困》的单行本，如1978年版。北京外文出版社根据《马克思恩格斯全集》俄文第二版的文本出版了俄文版《哲学的贫困》单行本，系32开平装本。

改革开放以后，为了满足广大读者的需求，人民出版社于1995年6月出版发行了《马克思恩格斯选集》第二版，1997年5月第3次印刷，印数达到32000册；2004年5月第5次印刷，印数达42000册；2008年11月第7次印刷，印数已达52000册。2009年12月，人民出版社出版刊行了10卷本的《马克思恩格斯文集》，第一卷中节选了《哲学的贫困》第二章的部分内容。2012年出版的《马克思恩格斯选集》第三版中也节选了《哲学的贫困》第二章的部分内容。以上版本与1958年出版的《马克思恩格斯全集》相比，中央编译局在译文上做了较大修改，在注释方面也有较多的增补，而且为读者提供了更多的背景知识。同时，译文中还体现了恩格斯编辑1885年德文版时的修改情况，马克思在送给娜·吴亭娜那本书中所做的修改也体现在注释中。

总之，《哲学的贫困》在中国的传播与中国革命的历程紧密契合，它对于中国人接受马克思主义原理具有重要作用。

（本文来自2013年中央编译出版社出版的姜海波所著《马克思〈哲学的贫困〉研究读本》有关内容。）

哲學之貧乏

許德珩譯

北平東亞書局印行

1932

馬克思著
許德珩譯

哲學之貧乏

北平東亞書局印行

哲學之貧乏目錄

譯者贅言

哲學之貧乏這本書，是馬克思的著作中最初出世的一種，他在學術上所佔的地位若何，當代學者類能言之，並且也只要一讀書中恩格斯的那篇長序，以及馬克思自己所作的那兩篇短序亦自知之，用不着我來費詞；我現在這篇贅言，並不是來介紹這本書，乃是來說明我為什麼來把這本書翻譯出版。

事是這樣的：一九二九年的秋天，上海有一家書店同我接洽，接洽翻譯這本書，我接受了。動手是在這年的十月初間。可巧在我翻譯了三分之一的時候，一天下午路過上海書店最多的四馬路，忽然看見了一家書店門口懸着一個大字廣告牌，牌上寫的是：『哲學之貧困出版了』，我看見了這個廣告的時候，又是歡喜，又是懊悔；歡喜的是看見這本書已經出版，懊悔的是我竟然白花費了那些工夫去翻譯別人已經出版的書！於是打定主意，決定不再翻譯他了。回家來就把這個已經譯起四萬多字的稿子捆束起來，置之高閣，一方面寫信給某書店老板，自己願意放棄這種工作。這本書在當時就算是這麼樣的擱置下去了。

一九三〇年二月，在上海教書，因爲同學們要求介紹時下出版的書籍，這個機會使我不能不把時下所出版的翻譯書籍簡要的來翻閱，而杜竹君先生所譯的這本哲學之貧困，尤其是我久想要讀的一本。

在沒有讀杜先生的譯本以前，我聽見有人說過『看不大懂』。自然，以馬克思的著作之那種深刻的理論和經典式的文句，是不同於普通一般的書籍之容易讀的；而且以這本書那種批評式的體裁，有些地方若果不對照他所批評的蒲魯東的著作，即使是讀原書，也有時還是不容易懂得的。不過等我讀了杜先生的譯本以後，再把馬克思的原著對照起來，才曉得所謂不懂的，並不是原書不能叫人懂，乃是翻譯得不能令人懂；並且有許多地方，原書說得是很清楚明白地，而翻譯出來倒反把他弄糢糊了，或是竟然翻錯了，說反了，令人不懂：等到我一直對照下去，發現了幾乎沒有幾頁沒有錯：而且有些錯誤，並不是由於翻譯時的不小心，乃簡直是由於對於原文的推測與冒險，我現在且簡單地指出幾處錯誤來：

（一）例如在恩格斯的序言中，恩格斯譏誚落俾爾他斯之應用李嘉圖的學說，成爲『在德國的一個發現』，更以挖苦蒲魯東之還要再來拾人餘唾，認爲是自己的發明之不足道，所以有下面的一段話：Marx montre le peu de nouveauté d' une telle application de la théorie de Ricardo à Proudhon, qui souffrait d' une pareille imagination (Préface. VIII) 這段話

我們應當譯作：『像蒲魯東之應用李嘉圖的學說，感受着一個同樣的空想，馬克思却証明這樣一個應用，是具有很少的新奇之點的』。英譯更加清楚，其譯文我也寫在下面：Marx Shows how little there is of novelty in a Simila application of the theory of Ricardo by Proudhon, who suffered from an equal imagination. 然而杜君却譯作下面的一段話：『馬克思給陷於同樣的想像的蒲魯東証明如此重新應用李嘉圖的學說：』（見杜譯，哲學之貧困，第四頁，第五，六行）這樣，是原文很清楚，而譯文反把他弄得莫明其妙了。

（二）馬克思因爲挖苦蒲魯東，說，即使是空想的社會主義思想如「平等的學說」，也不是蒲魯東所始創的；凡是蒲魯東所講的，都早被以前的人，尤其是被英國的社會主義者所講過了；所以他說：Quiconque est tant soit peu familiarisé avec le mouvement de l'économie politique en Angleterre, n'est pas sans savoir que presque tous les socialistes de ce pays ont, à différentes époques, proposé l'application égalitaire de la théorie ricardienne. (P. 64) 這段話的意義翻譯出來就是：『無論怎麼樣一位不熟習英國的政治經濟學運動的人，都不會不知道，在這一個國家中，在各時代，差不多全部的社會主義者，都已經提議對於李嘉圖的學說之平等的應用』。且看杜先生對於這段話的譯文：

『無論何人都很少熟習英國經濟學的變動的，並不是不知道英國一切社會主義者，在各時期都已經提議對李嘉圖的學說之平等的應用。』(見杜譯，第五十一頁，)他這不惟是不懂原書的意義，硬把話說反了，並且就只據他自己的這幾句話來說，上下文也是不相合的。

(三)較遠一點，馬克思罵空想的社會主義者，說道：Juoqu' à présent, on a toujours le vain espoir de remédier à un état de choses qui est contre la nature, tel qu'il nous régit maintenant, en détruisant l'inégalité existante et en laissant subsister la cause de l'inégalité; (P. 66) 其意義是：『一直到現在，大家總有一種空想，想去救濟那種違反自然的實況，即現在統治我們的實況；即想去消滅現存的不平等，而讓不平等的原因存在』；而杜先生則譯作：

『一直到現在，人們常有糾正違反自然的實際狀況，如統治我們的東西之空想，而希望破壞現存的不平等，並消滅不平等的原因；』(見杜譯，五二頁，十八十九兩行)這是把原文說反了。

(四)又如原文：Philippe Ier, roi de France, dit M. Proudhon, mêle à la livre tournois de charlemagne un tiers d'alliange, s'imaginant que lui seul ayant le monopole de la fabrication des monnaies, il peut faire ce que fait tout commerçant ayant le monopole d'un produit. 意義是：『蒲魯東先生說，法蘭西王斐立卜第一 Philippe Ier 把沙爾曼宜(Charlemagne 時代的「都爾諾瓦金幣」la livre tournois 滲加了三分之一的混合物進去；他以

爲只有他一個人有製造貨幣的專利權，他之能製造貨幣，也與一切的商人之能有製造一種生產品的專利權一樣。』而杜竹君先生却向馬克思開了一個很大的玩笑，譯出來的是下面一段話：『蒲魯東先生說：法蘭西王斐立普第一，以三分之一的混合物，滲入一里弗爾的都爾諾瓦tournois的奢爾洛馬弱Charlemagne中，因想獨自龔斷貨幣的製造，於是凡屬商人龔斷某種生產品所能做的事，他都可以做』。(見杜譯，第六九，七十頁)這眞不曉得錯得到什麼地方去了！這第一是因爲在這一段話中，有了人名之Philippe Ier，人名而做了時代用的，Charlemagne，又有了量名而同時又可以做貨幣用的 livre，以及貨幣的Tournois 這四個名詞放在一塊，使杜先生目迷五色起來，不知道是人是鬼，所以在沙爾曼宜Charlemagne 大王裏面，也可以滲加三分之一的混合物進去，這眞是再笑話沒有了！第二是因爲他把這個用作貨幣的「里弗爾」livre，誤用作了量名，所以譯出了『滲入一里弗爾的都爾諾瓦的奢爾洛馬弱中』這一句百思不得其解的話來。其實，我恐怕杜先生雖然在白紙上寫成了黑字，而他自己也未必能夠懂得他這一段話的意義吧！並且就是隨後的一段話『因想獨自龔斷貨幣的製造，於是凡屬商人龔斷某種生產品所能做的事，他都可以做』。也是完全錯誤，這裏也只要一對照原文就是可以知道的，我且不多講了。

（五）在不多遠以後，馬克思說了這樣一段話： d'après lui, C'est du souverain, et non du commerce, que d'argent recoit sa valeur. 當然要譯作『據他的意思，貨幣之獲得他的價值，不是由於交易，而是由於君主。』然而杜君却是下列的譯文：『據他的意見，貨幣接受他的價值不由於君主而由於交易。』（見杜譯，第七十二頁）洽洽一個相反。

（六）原文：D'après M. Proudhon, il faudrait poser la question que voici: Pourquoi l' ouvrier anglais de 1840 n'a-t-il par été vingt sept fois plus riche que celui de 1770 ? 意義是：『依照蒲魯東先生的意見，是應當提出這樣的問題：爲什麼一八四〇年的英國工人，不比一七七〇年的英國工人富足二十七倍呢？』而杜君所譯的則不是如此，他是：『依照蒲魯東先生的意見，必須提出這樣的問題：的（想係爲字之誤）什麼一八四〇年的英國工人比一七七〇年的工人富足二十七倍呢？』（杜譯，八十九頁）這洽洽與原文一個整相反。

（七）原文：Tout à l' heure il nous forcait de parler anglais, de devenir nous-même passablement anglais(P.115.)這裏馬克思連譏帶罵的來恥辱蒲魯東，故意用一個Passablement「過得去的」這個字來笑他，以爲他自己雖然是德國人，但是談起英國的經濟學來，還可以過得去。意思當然不是要來誇張他自己，却是要在譏誚蒲魯東。譯成中文是：『剛才他逼迫得我們講英國話，逼迫得我們自己做了一個過得去的英國人……』而杜先生却完全誤會了，想必是把Passablement這個字看花了眼，看作了Passagerement 而譯作：『迫得我們自己暫時做了英國人，』（見杜譯，九十五頁）一字之差，語句之生辣的意味完全失掉了！這是多麼可爲原書痛惜的事！

（八）還有錯得更可笑的，就是蒲魯東雖然不甚懂黑智爾的哲學，而却愛談辨証法，所以馬克思說：Décidément, M. Proudhon a voulu faire peur aux français, en leur jetant à la face des phrases quasi hegeliennes.(P. 117)其意義是：『眞的，蒲魯東先生是想來嚇嚇法國人，把一個準黑智爾的詞句，置之於他們面前』。而杜君則譯作下面的一段話：『眞的，蒲魯東先生想使法國人害怕，而置他們於準黑智爾的文章之前。』（見杜譯，第九七頁，五，六行）意思是完全弄反了，並且也就講不過去，『置他們於準黑智爾的文章之前，』所謂「他們」，不知是何所指？是不是置全體法國人於準黑智爾的文章之前？眞眞費解！

（九）又如原文：Cet homme, au début de l'industrie, traite d' égal à l'égal avec ses compagnons devenus plus tard ses ouvriers(P. 161)意義是：『這個人，在工業的開始，就以相互平等來待遇後來變成爲他的工人之他的伙伴。』而杜譯則是『這個人，當工業創始的時候，卽站在相互平等的地位，以變成較落後的朋輩待遇他的工人。』（見杜譯，一三四頁）『變成較落後的朋輩待遇他的工人，』這句話不惟是錯，而並且就中文的語句來講，也是不懂。

（十）還有他揣摩不定代名詞所代替的是那一個東西，所以他有時把黑智爾扯得是蒲魯爾，(見杜譯，一〇七頁，四行)又有時把蒲魯東扯得是黑智爾，(見杜譯，一〇七頁，九行)把「土地」弄成「地貨」，「地貨」弄成「土地」，(見杜譯，一六二頁，二行)把「競爭」弄成「獨佔」，(見一五三頁，九行)「資產階級」弄成了「關稅保護」，(見二三〇頁，第三行)「工人的骨頭」弄成了「地主」(見二一六頁 十八行)，「土地私有權」弄成了「地貨」(見一六五頁，七行)「經院學派的」Scholastique弄成了「蘇格拉底的」；諸此等等，等等，我幾乎是舉之不勝其舉了。總之，隔不了幾頁，必定有一兩處不可諒解的錯誤出來；像這樣一種重要的名著，竟然如此馬馬虎虎的翻譯，眞是有些對不起讀者和著者。我這種意思，想是杜先生和一般愛護眞理的人所能同意而原諒的吧！是這樣我才不揣冒昧，把我從前譯而未盡，東之高閣的餘稿，繼續地翻譯下去，讓他出版。自然，以目前我這種很淺的學識，當然不敢說我翻譯的就沒有錯誤，不過我是很仔細很忠實地從事就是。以現時中國學術水平看起來，名著的介紹，不僅僅是在乎有，而是要走上「好」的階段；如此，我更希望這本書出版後，能够得到一些嚴重的批評，使這一本名著，在中國成爲一種可讀的譯本，那却非我一人之幸了！

又這本書我是根據一九二二年巴黎M. Giard書店所印行之第三版法文原本；參閱一九二〇年美國，支加哥 Charles H. Kerr & Company 印行Zueltz的英文譯本，和岩波書店所印行，木下半治與淺野晃的日文譯本而翻譯的。

一九三一，七月，上海

— 8 —

哲學之貧乏

馬克思著
許德珩譯

恩格斯序

現在這本書，是在由一八四六到一八四七年冬天所作的；這個時期，就是馬克思已經達到了來說明關於歷史的和經濟的新理論之時期。(註一)曾經出版的蒲魯東，Proudhon 那本經濟諸矛盾之體系，或稱爲貧乏的哲學，給了馬克思的機會來發表他的理論，以與當時在法蘭西社會主義者中起首佔了一個優越地位的人之思想對立。自從他們兩個人在巴黎對於經濟學的諸問題在一塊兒長期討論，并且常常終夜的討論以來，他們兩個人的趨向已經是愈離愈遠了；蒲魯東的著作，已經表示在他們兩個人中間有了一道不可踰越的深淵，緘默不言是不可能的；而馬克思在他給蒲魯東的這個回答中，就已經証明了這種不可挽回的破裂了。

註一——哲學之貧乏這本書，是用法文寫的，一八四七年在巴黎的 Richelieu 街第六十九號弗郎克Franck書店裏，和在Bruxelles的一條小街馬德倫第二號福格雷爾 C.G.-Vogler書店裏出版的。以後由考茨基Karl Kautsky和倍仁斯登 Bernstein 譯成德文，一八八五年爲德國社會民主黨的書店出版；恩格斯的這篇序，就是寫在德國譯本的卷頭。

從一八四七年這本書用法文出版以來，一八九八年巴黎的「石亞爾和不里耶」Giard et Brière 書店就接過手來出他的第一版；一九〇九年第二版，現在所出的，若是不計算開初出的那一版，當然算是哲學的貧乏的第三版了。

馬克思這本書的底稿，也與他其他諸著作一樣，是爲他的兩個女兒：羅拉，辣伐爾格 Larura Lafargue 和埃勒並諾，亞斐林 Eleanor Aveling 所贈送給德國社會黨，把他同恩格斯的著述，一同作爲黨的文庫之基礎書。其中有些是爲著者所親手訂正的，在現在這個新版裏面，都把他改正排印出來了。——刊行者註）

馬克思對於蒲魯東之總括的批評，是第一次發表在他的論文中，這篇論文，登在伯林社會民主報之第十六，十七，十八等期；而現在轉載在這本書的附錄中。這就是在這個刊物中馬克思所寫的（唯一的一篇論文）。因爲石爲栰爾先生 M. Von. Schweitzer 要把這個報送到政府和封建勢力的手中的企圖差不多公然的表現：所以於出版不到幾個星期以後，就使我們不得不公開的來取消我們的合作。

這本書現在之在德國所受的一個影響，是爲馬克思在當時所未曾預想得到的。誰又能够知道，因爲他之攻擊蒲魯東，同時就打擊了今日那位「偉進」者的偶象，并且在當時連名字都

— 2 —

不知道的落偉爾他斯 Rodbertus—

在此處並不是來說明馬克思與落偉爾他斯之間之關係的地方，他們中間的關係，我不久就有機會來談到的。此處所要說的，只是：當落偉爾他斯之罵馬克思，說馬克思『剽竊了』他的意思，并且以為馬克思的資本論裏面，很利用了些他的著作：認識論 Zur Erkenntniss……而沒有提及他的著作之名字來；而其實這是他自己對於馬克思的一個誣枉，此種誣枉，實足以表現他自己那種不懂事的天才之壞脾氣，以及對於普魯士以外所發生的事件，尤其是對於社會主義和經濟學的文獻之顯著的無識無知。此種攻擊，也同於我們剛才所引用的落偉爾他斯的著作一樣，都是從來就沒有使馬克思看見過的，馬克思所知道的只有落偉爾他斯的三封「社會書信」Soc-ialen Briefe ，然而就是這些書信，也絕然沒有是在一八五八年，或是一八五九年以前他看見過的。

落偉爾他斯以為在這些信中發現了「蒲魯東所構成的價值」遠在於蒲魯東以前，那還比較有根據；不過若果要相信他就是第一次的發現，那却又是他自負的過錯了。總之，我們現在既把落偉爾他斯這本書，來和蒲魯東一並批評，就使我們不得不稍微說到他一八四二年出版的那本「基本的」小冊子：我們的經濟狀態認識論 Zur Erkenntniss unserer Staatwirthsch-aftichen Zustaende 至少因為落偉爾他斯的這本書，除開包含了衛特林式的 (La Weitling)

共產主義之外，（雖然是無意識的），他還是站在蒲魯東之前的。

即如近代社會主義，不問他的傾向是若何，祇要他是用資本主義經濟學的方法，差不多就要完全依附於李嘉圖 Ricardo 的價值論。李嘉圖於一八一七年在他那本（經濟學——譯者加）原理的卷首，提出了兩個命題：第一，各種商品的價值，只是幷且惟一的是爲其生產所需要的勞働量所決定的；第二，社會勞働之全部的生產品，是爲地主（地租），資本家（利息），和勞働者（工資）這三個階級分配的；這兩個命題，從一八二一年以來，在英國，就已經供給了社會主義者的結論之材料。這兩個命題，曾經是很明白地很深切地推論到：這種文句現在差不多是已經消滅，而大部份是爲馬克思所曾經發現的，一直到馬克思的資本論出世之前，是沒有任何東西能夠超越過他的。關於這個問題，我們後來再另講。在一八四二年，當落偉爾他斯他把上面所講的命題用作他自己的社會主義之結論時，爲當時的一個德國人來說，的確是一個重要的進步，然而這却不過只算得是在德國的一個發現。像蒲魯東之應用李嘉圖的學說，也感受着一個同樣的空想，馬克思却已經証明這樣的一個應用，是具有很少的新奇之點的。

「無論是誰，只要對於英國的經濟學運動稍微熟習的人，就不能夠不知道，差不多在這個地方之全體的社會主義者，各個時代的社會主義者，都提議李嘉圖的學說之「平等的」（即所謂社會主義的）應用。我們可以給蒲魯東舉出一八二二年哈卜坑士的經濟學；一八二七年維廉，松卜生 William Thompson 的增進人類幸福之財富分配的諸原理之考究；一八二八年愛的孟次 T. R. Edmonds 的實踐的，道德的，與政治的經濟學等等；我們若是願意，還可以再舉出四頁如此等等的例來。現在我們只就英國一位共產主義者不銳依 Bray 一八三九年在利茲 Leeds 出版的一本名著：勞働的弊害與勞働的救濟來說就够了。只要有不銳依的諸引証，那嗎，落俾爾他斯所要求的優先權，其大部份就已經消滅了。

當此時期，馬克思還未曾到「大英博物院」裏面的圖書室裏來。除了巴黎與不魯塞的圖書館外，除了在一八四五年的夏天，我們同在英國一個六星期的旅行期間，他讀過我的書籍，和我的選籍以外，他所瀏覽的，只有在曼其斯特 Manchester 所能够得到的一些書籍而已。因此，我們所講的文獻，在當時絕然不同於現在一樣，是個不能獲得的東西。即使就是如此，即使落俾爾他斯是不知道這種文獻，那也是完全由於落俾爾他斯是一個狹隘的普魯士人。他是普魯士科學的社會主義真正的始創者，他畢竟是被人看作如同普魯士科學的社會主義真正的始創者。

然而，就是在他的最親愛的普魯士，落俾爾他斯也不應當自安於完全不知道他人的著述的地步。一八五九年，馬克思的經濟學批判算是第一本書在柏林出版了。在這本書裏面，於

— 5 —

經濟學者們對於李嘉圖所提出的反駁之中，於第四十頁裏面，我們可以找出如同第二個反駁來：『假若一種生產品的交換價值是與其中所包含的勞働時間相等；那嗎，一日間的勞働之交換價值，就與一日間勞働的生產品相等了。或者還可以說，薪資是應當與勞働的生產品相等。然而事實恰恰相反。』在註解上說：『經濟學者方面對於李嘉圖所提出的這種反駁，以後又為社會主義者所再提出來了。假設這個公式於理論上是正確，那嗎，事實上就與理論上相矛盾，而資產階級的社會，就要實行的來應用在理論的原則上所發生的結果。英國的社會主義者們，至少在這種意義上，是把李嘉圖的交易價值的公式轉換過來反對經濟學。』於這註解，我們可以參看在當時還存在任何書店裏的馬克思的哲學之貧乏。

因此，自然很容易使落傳爾他斯相信，他自己本人在一八四二年的發現為一個眞正的發現。然而他却不這樣想。他是不斷的宣揚他的新發現，並且以為他的新發現是這樣的無與倫比：他腦子裏甚至於絕然一次都不想到，馬克思也可以同他落傳爾他斯一樣，從李嘉圖的學說中，得出他自己的結論來。馬克思也能夠從李嘉圖的學說中得出他自己的結論來，他以為這是絕然不可能的事。馬克思是「剽竊了」他的！——然而同是這一位「剽竊的」馬克思，却給予了落傳爾他斯以完全的容易，使他相信，這些結論，至少在落傳爾他斯的著作中所表現的那些粗淺形勢之下的結論，在他們很久以前，就已經發表於英國了。

李嘉圖的學說之最簡單的社會主義的應用，就是我們在上面所講過了的應用。在好些情況中，此種應用，引導我們對於剩餘價值的起源和性質的觀察，超越於李嘉圖學說的觀察遠甚。在落俾爾他斯的學說中也是如此。除脫了在這種思想的系統之中，他從沒有提出像在他以前的人所曾經講過了的那樣好，就據他的陳述上來說，他的陳述，還與在他以前的人的陳述具相同的缺點：他只就經濟學者們將經濟的諸範疇所傳授於他的那種生硬的形式來接受勞働，價值，資本之經濟的諸範疇；而經濟學者們只看見與諸範疇的外表相依附的形式，並沒有研究他的內容。他這樣，不惟自己禁止了諸範疇充分發展之一切的方法，——這就與馬克思相反，馬克思對於這個六十四年來所常常陳述的命題，是第一次做到了一些事件。——而並且一直走向空想的途徑，如同在後來之所指示的。

李嘉圖的學說之在上面的應用，他使勞働者明白：社會生產的全部既然是勞働者的產物，所以也應當歸勞働者所有，因爲勞働者才是眞正的生產者。這種學說之應用，就是眞正的引導到共產主義了。然而這樣的應用，如馬克思之所講的，從經濟學上講來，形式上是錯誤的。因爲他只僅僅的對於經濟學上之道德的應用而已。依照資產階級經濟學的法則，生產品的最大部份，是不屬之於製造生產品的勞働者的。法則既是如此，若果我們說：這是不正當的，這是不應該有的：那是絕然與經濟學沒有關係的。我們這樣的說，僅僅只表現此種經濟

7

現象，是與我們的道德的感情不相容而已。是因爲如此，所以馬克思絕然不把他的共產主義的要求建築在道德的感情上面，而是把他建築在在我們眼前一天一天成熟之資本主義者生產方法之必然的崩潰上面。他自己所願意講的，只是剩餘價值是由無報償的勞働而成的：這是一個純粹的，簡單的事實。但是從經濟學的觀點上講來或者形式上是錯誤的事，而從世界歷史的觀點上講來還可以是正確的。若果羣衆道德的感情認爲一個經濟的現象，譬如從前那種奴隸制度或農奴制度的現象，是一個不合道理的事，這就證明此種現象的本身到現在是社會上的一個殘餘，另一些經濟現象發生了，則在第一次所發生的經濟現象，就變成了不能維持的東西了。因此，在經濟學上形式的是不正確後面，還可以隱藏着一個很正確的經濟內容。然而若果這樣講，那又改變了方面，又很牽涉到剩餘價值的理論之歷史及其重要上面來了。

從李嘉圖的價值論，我們還可以得到其他的諸種結論，這也就是大家所已經做過了的。諸商品的價值，是爲商品的生產所必需的勞働而決定的。但是，在這個可惡的現世界中，諸商品的被收買是時而在他的價值之上，時而在他的價值之下，他其間是與競爭的變動絕無一點兒關係的。利潤率也是一樣。利潤率之對於全數的資本家既有保持同一的水平線之重大的傾向，所以諸商品的價格，也就以供給與需要的媒介，頻於低減勞働的價值。但是利潤率是根據一種工業經營中所使用的全部資本而計算的；不過在兩個不相同的工業部門中，每年的生產既然可以組成相等的勞働量，換言之，他既然可以表示相等的價值，若果在這兩種不同的工業部門中，工資可以同樣的提高，那嗎，在一部門或是在其他部門中，先付的資本就可以成爲或是常常成爲兩倍或三倍；如此，則李嘉圖的價值律，也如李嘉圖自己所曾經發現的定律一樣，是與利潤率之平等的定律相抵觸的。若果兩個工業部門的生產品是按照他的價值來出賣時，利潤率是不能相等的；若果利潤率相等，兩個部門的工業的生產品就在任何地方，任何時期都是不能夠按照他的價值來出賣。既是如此，那嗎我們在此處就已經有了一個矛盾，有了在兩個經濟定律中之一個矛盾。然而依照李嘉圖的意思，（第一章，第四至第五節）實際解決的方法，是犧牲價值而有條規的去惠利於利潤率。

但是，李嘉圖之價值論的決定，雖然帶有許多不祥的性質，然而他却有一方面是爲我們那班勇敢的資產階級者們所寶貴的。其所寶貴的方面，就是他那種價值論的決定，帶有一種不可抗禦的力量，喚起資產階級者們之正義的感情。權利的平等與正義這兩個東西，就是十八世紀和十九世紀的資產階級者們所想借此來建築自己的社會基礎於封建社會的特權，不平等，不正義的廢墟之上的。用勞働做諸商品價值的決定與依照這種價值的尺度，在權利均等的佔有者之間所發生的自由貿易，這就是如馬克思所已經指明的，是近代資產階級之一切政治的，法律的，哲學的意識形態所由建立之實在的基礎。自從大家知道了，勞働是爲諸商品的尺度以後，勇敢的資產階級之良善的感情，就爲那在名義上充分的承認正義的原則，而在事實上都時常毫無顧忌的把他置之不理之世界上的罪行。深深地感覺到損傷了。尤其是小資產階級，他的誠實的勞働，——甚至於只是他的工人或他的徒弟的勞働，——都因爲機器與大生產的競爭之結果，更是一天天的失掉了他的價值；尤其是小生產者，更應當熱烈的要求有一個社會產生，其中生產品的交換之依照勞働的價值而交換，是一個完全的現實而無例外；換句話說，小生產者應當熱烈的要求一個社會，其中有一個完全而無例外的爲諸商品的生產之唯一定律所支配，不過其中還要把使這個定律有效之唯一的諸條件，換言之，要把商品生產尤其是資本主義生產之其他的諸定律消滅。

此種空想，於實際上或是理想上，對於近代小資產階級的思想上，都種下了一些最深印的根源。可以証實他的，就是這種空想已經在一八三一年，爲約翰格勒 John. Gray 條分理析的發表了，當時並在英國實際的試驗着而且流行着的；在德國於一八四二年爲落俾爾他斯所宣言，在法國，於一八四六年爲蒲魯東所宣言，認爲是最新近的眞理。一八七一年。更爲落俾爾他斯所宣告，認爲是社會問題的解決，因此更認爲是他的社會的聖書。一八八四年，此種空想，更得到在落俾爾他斯的名義之下努力開拓普魯士的國家社會主義的鬪爭的人們之贊成。

對於此種空想的批評，是爲馬克思如此完整的提出來了，他反對蒲魯東也如同他之反對喬治格勒一樣，（參攷本書附錄二）使我們在此處，只要把洛侔爾他斯所認爲建設並解釋此種空想之特殊的形式之幾個注意指明出來。

如同我們已經講過的：洛侔爾他斯是在經濟學者們所曾經傳授於他之正確的形式之下來接受傳統的經濟概念的。爲得審查這些概念，他幷不用一點輕微的嘗試。在他看起來，價值乃是一種事物對於他種事物之量的評價，此種評價既經用作爲尺度了。這個不大嚴整的定義，充其量也只給我以價值表現之一個大概的觀念，絕對的不能夠說出價值究竟是個什麼東西來，但是這既然是洛侔爾他斯對於價值所可以告訴我們的，那自然很明白，他是在價值以外來找價值的尺度。於偶然的，無秩序的把使用價值與交易價值改變了數百種形狀，於亞多爾夫瓦格雷爾 Adolph Wagner所無限的讚賞之此種抽像的權力以後，他才得到「沒有價值之實在的尺度，只有價值之分外的尺度」這種。結果勞働可以成爲此種分外的尺度，不過僅僅在勞働量相同的生產品中之一個交易的情況之下，不問這種情況是另外的，是由於他自身的，或是由於別人採取某些條件來保証的。既是這樣，價值與勞働，其存在幷無任何其他實際的關係，即使在第一章的全章中是專爲我們來說明商品是怎麼樣並且是爲什麼「因勞働而發生價值」並且也只有勞働才發生價值。

並且，勞動也還要再認作如同在經濟學者們中所遇着的那種形式，而且還不就是如此。因爲對於勞動的強度之差異雖然大家說了兩句話，而勞動却總是很普遍的被認作如同「值價的」一件事物，換言之，勞動不問他是否按照社會之規則的諸條件之均衡率而使用，也總是被認作如同價值的尺度。不問生產者是用十天的功夫去製造一天所能製造得成的生產品，或是僅用一天的功夫以製造一天所能製造得成的生產品；不問他們是用好的或是壞的器用具；不問他們是用他們勞動的時間去製造社會需要的物品，或是去製造社會所需要的量數的貨物；也不問他們是用他們勞動的時間去製造社會上絕不需要，或是不甚需要的物品；這些一切的一切，都不是問題：勞動總還是勞動，一個同等的勞動之生產品，總是應當與另一個同等的勞動之生產品交換的。落僕爾他斯他雖然在另一個情況之中，不問合與不合，是永遠預備把他自己放出民族的觀點上，並且是從一般的社會觀察之最高點，來攷察孤立的生產者們的諸關係，然而在此處却是很害怕的要求避免這種情況，其簡單的原因，只是從他的那本書之第一行起，他就一直走向勞動証券的空想，把勞動當作是價值的生產者之分晰，就認爲一些不可愈越的障礙充塞於他的前途。在這個地方，他的本能是比他的抽象力量要強得多，或者附帶的說一句，在落僕爾他斯的學說中，用最具體的方法，我們所能發現出來的，只有一些貧弱的觀念。

空想的過程，其實行只是一舉手之勞的。要依照勞働價值如同依照一個絕對的規律來確定商品交換的「諸設備」，也並不是很難的事。凡是有這種傾向之其他一切的空想家們，從格勒以至於蒲魯東，都是爲着要實現這個目的之社會的諸尺度而苦心焦思的。他們至少也是在那裏研究用經濟的方法來解決經濟的問題，研究商品所有者之交換商品的行爲來解決經濟的問題。落倬爾他斯以爲這是最簡單也沒有的。他以一個善良的普魯士人的資格來告訴之於國家，用政府的一道命令就可以施行改革的。

那嗎，價值即使倘倖是這麼樣的「搆成了」，然而也不是落倬爾他斯所要求的這種搆成的優先權。而并且相反，格勒也如同不銳依一樣——在許多其他的人中——都是在落倬爾他斯很久以前，就盡量的背誦了同一的思想：他們是很誠意的希望永久的並且惟一的按照勞働價值來做生產品交換的尺度，雖然是有一切的障礙。

在國家照這樣的製訂了價值以後，——至少是生產品的一部份照這樣的製訂了價值，因爲落倬爾他斯是很謙遜的原故——他就發行他的勞働証券，在事實上，此種勞働証券就是預先給工業資本家們一些款子，工業資本家們用這些款子來付給工人，於是工人以他們所收入的勞働証券來購買生產品；這樣的，就使紙幣（即指着勞働証券——譯者）得以還完。紙幣這樣奇怪的發展，是應當從落倬爾他斯本人那裏學習來的。

『還有關於這種次要的條件，我們將要達到這樣的辦法：就是要求在証券上所証明的價值實在能够流通，並且還只把他給與那個眞正交付生產品的人，在証券上確切的註明生產品所必需的勞働量。譬如某人交付了花費兩天勞力的一件生品產，他就應當獲得註明了「兩天勞働」的一張証券。這第二個條件之必然的完全，是在發行証券時之正確的遵守這種規則。依照我們的假設，物品之實在的價值，是與製造此物品時所費去的勞働量相合的。而此種勞働量，是以所得到的時間之分配做標準的。例如某人，他交付了曾經花費過兩日勞働的一件生產品，若果他得到給他証明有兩日的勞働，那嗎，他只算得到担保或是証明在實際上與他所交付的物品，不多不少的價值：而並且，這個人既然得到了同等的一個証明証明他實實在在的製造了一種物品在社會上流行着，那嗎，寫在勞働証券上的價值之能够付償給於社會，當然是同等的眞實。假設是如我們所想像的要怎麼樣擴大分工的範圍就能够怎麼樣擴大分工的範圍，若果是充分的遵照了上述的規則，那嗎，使用的價值之總和，就應當實實在在的與所証明的價值之總和相等：証明的價值之總和，就實實在在是指定的價值之總和：而此種指定的價值之總和，就必定要變成爲使用的價值，如此，則一切的要求都被滿足了，而要來淸算也是很正確的了。』（第一六六與一六七頁）

若果落俾爾他斯不幸，一直到如今，他的諸發現都是來得太遲了，然而至少在這一次他總有一個獨創的功績：在他的競敵之中，設有那一個敢於把這種本樸幼稚的形式，加到勞働證券之愚狂的空想上面去。因爲對於每一張證券，都要給付一個相等價值的對象物，而任何價值的對象物，也只交付與價值同等的証券；因此，証券的總和，是必然的要與價值的對象物之總和相稱的。此種計算是正確而無些微餘剩的，他於勞働時間的一秒鐘都是相合的，也幷沒有一個公債局的高級員吏，即使他是如何的清理他的職任，而可以在這裏面找得出一些兒錯誤來的。那嗎，又更將何所求呢？

在現在的資本主義社會中，每個工業資本家，都是依他自己的主張去生產他所願意的某種東西，生產他所合意的某種東西以及他所願意要多少分量的某種東西。至於社會需要的分量，在他看起來，是一個未知數。社會所需要的物品之質與量，他是不管的。在今天他不能夠很快的，充分的供給的東西，到了明天，他或者可以供給到需要以上。然而，其結果，好好歹歹他總是滿足了要求，幷且生產終久是普遍地按照需要的物品而規定的。但是，怎麼樣實現這種矛盾的調協呢？這種矛盾的調協，是由於競爭而實現的。但是競爭又如何能夠達到這種解決的地步呢？簡簡單單的是一方面在社會之需要的現狀中，把無用的商品之量的部份和質的部分，都低減到勞働的價質以下，另一方面，用這種間接的方法，使生產者們感覺到他們是在製造絕對不必需要的物品，或是他們已經製造了在分量上不必需要的，多餘的物品。

由此生出兩件事來：

第一，諸商品的價格由於諸商品的價值的關係而繼續不斷的差違，是爲必要的條件；僅僅由於這種必要的條件，諸商品的價值就可以存在的。價值的定律之實現於諸商品的生產之中，只是由於競爭的變動，因之由於商品的價格之變動的原故；而爲社會需要之勞働時間所決定的價值，由此就變成了一種實際。價值之所表現的形態，即價格，照一般的規則來說，有與他所表現的價值之絕然不同的另一外觀；這就是他與一大部份社會諸關係所分享的一個幸運。國王常常與他所代表的一個君主政體很少相似的。在相互交換的商品生產者的社會中，想用勞働時間來決定價值，因爲如此，對於競爭就禁止在他可以實現之唯一的形式中來建設價值之這種決定，而同時影響於價值；那就是証明他承認，至少是在這個領域中他承認經濟的諸法則之習慣的空想的朦昧無識了。

第二，在相互交換之生產者的社會中，競爭，他既然實現了諸商品生產之價值的定律，由於這個關係，並且由於某些條件之關係，建立社會生產之可能的唯一組織與唯一秩序。只是由於生產品的價格之低落或是增加，孤立的商品生產者們才曉得社會所需要的是那些生產品與是多少那些生產品於他們自己有損害的。然而也就確確實實是這種唯一整理者，才是落俾爾他斯所贊成的空想所要消滅的。如果我們問道：我們有什麼担保使人只生產每種生產之必要的量，在蘿蔔製的糖是很充裕的時候，我們既不缺少麥，又不缺少肉，當袴子的扣子是無千萬數的增加時，而馬鈴薯的酒也是很多，袴子也不缺乏；——於是得勝的落俾爾他斯向我們說明他那種有名的計算，在他那種有名的計算之中，關於每磅剩餘的糖，每桶沒有賣出去的酒，每粿無用的袴扣，都製造成了一個正確的証明書；他那種有名的計算是『確當的』，『他滿足了一切的要求，而淸算也是正確的。』並且，誰要不相信他，只有通知波每奈尼 Pomeranie 的公債金庫之高等員吏某先生，他檢閱過了這個計算，並且知道了這個計算是正確的，而並且可以在他的金庫計算中，是從來就沒有弄出一個錯誤來的。

現在，我們且來看看落俾爾他斯他想用他的空想的方法來消滅工商業的恐慌之幼稚。自從商品的生產取得了世界市場的面積以後，由這種商業的恐慌，市場的變動，於是在依照各個人的計算而生產之孤立的生產者們，和他們之爲市場而生產，而並不知道需要的質與量之多寡而生產的市場之間，就建立了一個均衡。(註二)若果對於競爭而不使孤立的生產者們由價格之高低來認識市場的狀態，那就是完全的朦蔽了孤立的立產者們。若果是以生產者們絕然不知道他們所生產的市場狀態的方法來領導商品的生產，——這就是埃生哈特 Ersenbart 博士所能夠欣羨於落俾爾他斯之一個救濟恐慌的方法。

(註二)至少這是一直到近時所遇着的情況。自從英國因爲法國，德國，尤其是美國分奪了他的國際商業。他的世界市場的獨佔漸次的失掉了以後，一種新的均衡形式好像是要建立起來了。在恐慌未發生以前之一般的興盛時期是不常見了。若果此種興盛的時期不常見，那嗎，伴着輕微的動搖而發生之慢性的停滯，就變成了近代工業的常態了。

到現在我們就懂得了落俾爾他斯爲什麼把勞働來決定商品的價值。他至多也不過只承認勞働的強度之各種不同的等級罷喲。若果他自己曾經細想過，爲什麼並且是怎麼樣勞働創造價值，因之而決定價值，并且測量價值，那他就必定要得到勞働之社會的必要，他於單獨的生產品之必要，對於同類之其他的生產品之必要，也與對於社會所需要的生產品之全部是相等的。

最後，我們談到了落俾爾他斯所眞正給予我們幾件新的事物這一點來了，談到了與那些把勞働証劵來做交易的組織之所有他的同志之區別之點上來了。他們都宣稱這種交換的方式，其目的是在消除以資本來向薪資勞働的剝削。每個生產者應當得到他的生產之全部的勞働價值。他們都是一致的站在這一點上面，從格勒以至於蒲魯東都是如此。然而落俾爾他斯却不然，他說：絕不是如此。薪資勞働之與剝削，是繼續存在的。

第一也沒有這樣可能的社會狀態，其中勞働者可以接受他的生產品之全部的價值，作爲他自己的消費。生產的基金，應當救濟在經濟上雖是必要而是不生產的機能之一個數量上面。因此，生產的基金，就應當維持與這些機能有關係的人類。這於現存的分工制度中尤見其眞實。在一個社會中，生產的勞働成爲普遍必然的義務時，這樣的社會是可能的，而這種見解就不能成立。然而也還有預備的與蓄積的社會基金之必要，即使在此時的勞働者們，換言之，就是一切的人們都留在那邊佔有幷且享受他們全部的生產品，然而每個單獨的勞働者也不能夠享受他的勞働之全部的生產品。用勞働的生產品來維持在經濟上不生產的機能，是爲主張勞働証券之其他的一些空想家們所未曾忽畧過的。不過他們，依習慣的德謨克拉西法式，讓工人們自己爲這個目的而自動；至於洛貝爾他斯，關於一八四二年一切的社會改良案，是依照當時普魯士國家的模範而成的，他把一切都給官僚去判斷，由官僚以權威來決定工人自己勞働所得的部份，而把這個部份很和樂的放棄給他。

其次，他以爲地租之與利潤也是應當繼續存在着的。其實，地主與工業資本家他們完成某些機能，或是於社會有利益的機能，或是社會必需的機能，甚或是經濟上不生產的機能，而由交換就得到一種待遇，如地租與利息，——這種思想幷不算是一個新的，就是在一八四二年也不算是一個新的。老實說吧，他主與工業資本家，由他們所做的那樣少，幷且所做的也夠壞，而他們現在所收入的實在也太多。然而洛貝爾他斯以爲至少在今後之五百年，還需要有一個特權階級之存在，正確的說，剩餘價值率也是要繼續存在，不過只是不能增加罷了。落俾爾他斯他認爲現存的剩餘價值率爲百分之二百，換言之，對於一天十二小時的勞働，工人所得到的登記不是十二小時，而僅是四小時，在其餘八小時中之生產的價值，是應當爲資本家與地主所分配。這樣，落俾爾他斯的勞働証券，就是完全撒謊了。但是要妄想以爲可以有一個工人階級存在，他爲得到四小時的一張勞働証券而做十二小時的工作，那除非是波每奈尼的封建地主。若果把資本主義的生產之詐騙譯成質實的語句，那嗎資本主的生產就成爲一種明顯的盜竊，就使資本主義的生產爲不可能了。如此，則所給予勞働者的每張証券，乃是叛逆（反抗資本主義的生產——譯者註）之一個直接的煽動，就是犯了德意志帝國的刑法第一百一十條。爲想來給與工人們以同樣的無禮之言詞，我們就說，那就只有像波每奈尼一個封建財產的普羅雷太里亞，即日工的普羅雷太里亞，他所做的差不多就是奴隸的工作，在這個奴隸的工作中，所得到的只有鞭子和棍棒，至於村中之一切的美麗少女們，都是充實在封建領主大人先生們的後宮。這樣，我們那些保守主義者們，乃是我們最大的革命者了。

但是，若果工人們有那樣充分的溫良，自己可以這樣的相信，他曾經做了十二小時的苦工，而實際上他只工作四小時；人們將以獎賞來保証他，對於他自己的勞働生產品的部份，將永遠不降低到三分之一以下。其實，這也只是借小孩子的喇叭，將鼓吹未來的社會之高調。對於這個問題，也無須乎再要我們費力來多講了。總之，凡是落俾爾他斯在勞働証劵的空想中所重新提出來的一切都是幼稚，幷且比在他以前和以後之多數的競敵之工作還要劣下，還要不如。

在落俾爾他斯的認識論 Zur Erkenntniss 等等出版的時候，這是當時確實重要的一本書。在這個方向中來追求李嘉圖的學說，確是一個希望的開始。單獨的只爲他幷且單獨的只爲德國，若果這是一個新的事物，那嗎，他的著作，就其大體說，就達到了與他的英國的先驅者們之最好的著作同等的程度。然而這還不過只是一個開始，至於理論之希望得到一個眞實的利益，只有由最後的，根本的，批評的一個勞働才行。而這種發展的本身即止於此；因爲從開始以來，大家就把李嘉圖的發展引導到了另一個意義，即所謂空想的意義上面去。從此就失脫了一切批評的條件——獨立的條件。落俾爾他斯如是就以一個預定的目的來研究，而他也就成了一個偏向的經濟學者。他一旦爲他的空想所糾纏，他就不能够不自己阻止一切科學的進步之可能性。從一八四二年起一直到他死，他總是迴旋在一個相同的圈套之中，把在他以前的著作中所已經講過了之相同的思想，來重復的背誦，而自己還不知道，什麼東西也沒有得剽竊，而還以爲是被人剽竊了，最後，故意的來否認事實；其實，他所謂之發現的，是在很早以前就已經存在的東西了。

＊ ＊ ＊ ＊ ＊ ＊ ＊ ＊

此處是應當使大家注意，在這本書裏面所用的語詞，幷不常與資本論裏面所用的語詞相合的。在這本書裏面，還把勞働講作商品，講作勞働的買，賣，不講作如同勞働力。

於這一版，是加上了下面的幾點，作爲補充：(一)馬克思的著作，(一八五九年柏林出版之經濟學批判)關於約翰格勒的勞働證券之最初的空想的一段；(二)一八四七年馬克思在在不魯塞爾用法文所發表的，及屬於著者與哲學之貧困同一發展時期對於自由貿易問題的演說。

弗雷德里希，恩格斯 Friedrich Engels

一八八四年，十月，二十五，於倫敦。

德譯第二版序

爲這本德文的第二版，我來簡簡單單的加幾句話：何卜金士 Hopkins（第六十四頁中）的名字，應當改作何吉士金 Hodgskins。又維廉，同卜生 William Thompson 的一本書的年代（見同頁中）是一八二四年，幷不是一八二七年。敎授安東曼石爾 Anton menger 先生之記錄學的知識，是可以使我們一切滿足的。

弗雷得里希，恩格斯（F.E.）

一八九二、三月、二十九、於倫敦。

— 1 —

原序

蒲魯東先生M.Proudhon不幸在歐洲異常為人所不認識。在法國，他本是有權來做一個壞的經濟學家，只因為他是一位好的德國哲學者。在德國，他本是有權來做一個壞的哲學者，又因為他是一位最有力的法國的經濟學家。我們，以德國人而同時又以經濟學者的資格，願意來反對這兩重的錯誤。

讀者將一定要明白的，在這個忘恩義的工作中，常常要使我們放棄對於蒲魯東的批評，來批評德國的哲學，而同時對於經濟學給一些瞭解。

卡爾、馬克思[Karl Marx

一八四七、六月、十五、於布魯塞爾

蒲魯東先生的著作，簡單的說，並不是一本經濟學專書，一部平常的書，乃是一部新舊約Bible：在神中所得來的『神秘』，『啟示』，都是應有盡有。然而在我們今日，預言家既比庸俗的著作家更是要受人仔細的討論時，那嗎，讀者為得後來好與蒲魯東先生高升到「超社會主義』之豐裕的，靈空的宇宙起見，現在就要來忍耐，和我們共同的經過『創世紀』(genèse之乾燥而且黑暗之博聞廣見。（參看蒲魯東著：貧之的哲學 Prologue 版，第三頁，第二十行中）

第一章　一個科學的發現

第一節　使用價值與交換價值之對立

『凡百生產物的材料，無論是自然的生產物，是工業的生產物，只要是爲人類維持生活之用的，就特別的稱之爲使用價值 Valeur d. utilité；凡百一切生產物的材料，他們是彼此交互爲用的，稱之爲交換價值 Valeur en échange。……使用價值是怎麼樣變成爲交換價值呢？……(交換)價值的觀念所以發生的世系，在過去是不爲經濟學者們所注意的；所以對於這點，是有待於我們討論之必要。因爲在我們所需要的諸事物之中，其最大部份的數目，既然在自然界中只找得出一個很少的量數來，或者還一點都找不出來，那嗎，於我們所缺少的東西，就不得不助借於生產。(製造——譯者註)又於許許多多的東西，我們既然不能夠一一的親手製造，因此就不得不向別人提議，不得不向各種不同機能中之同勞者們提議，把他們生產物的一部份讓給我，來與我的生產物交換』(見蒲魯東 Proudhon 著：貧乏的哲學 Philosophie de la Misère，第一卷，第二章。)

蒲魯東先生本來有意思開首就爲我們來解釋價值之二重性。『在價值中的差別，』使用價值變成交換價值的變動。對於這種變質的行爲，有待於我們來與蒲魯東先生商榷之必要。現在且來看看根據我們的著者，此種行爲，究竟如何的成就。

生產物之一個絕大的部份，不能夠在自然界中找得出來，他是工業的產物。假使需要是超過於自然界之自動的生產，那嗎人們就是強迫的要走到工業的生產上來。但是在蒲魯東先生的假設中，此種工業是什麼呢？此種工業的起源是怎麼樣呢？他就是感覺到有最大部份事物的需要之單獨的個人『不能夠盡然都由他自己一手來製造許多事物。』有多少須待滿足的需要，就假定要有多少事物產生——沒有生產物是脫離了生產而存在的——有多少要生產的事物，在以前絕不假定一個單獨的人的手幫助來製造他。然而，只要你是假定一個以上的人來幫助生產，那嗎，你就已經是假定了建築在分工之上之一個生產的全部。既是這麼樣，則如蒲魯東先生所假定的需要，他本身就是假定分工。因爲是假定分工才有交換，其結果才有交換價值。因此蒲魯東先生還不如在開初就假定交換價值的好。

然而蒲魯東先生却歡喜繞一個大圈。爲得回到他的出發點去，我們且來跟着他去繞那些迂迴的圈子罷。

爲得脫離每個人單獨生產的狀態，而入於交換的狀態，蒲魯東先生就說：『我就請求於各種不同的機能中之我的同勞者。』因此，依照蒲魯東先生的假定，我，我有許多的同勞者，他們都有各種不同的職務，然而却不能够因此而我與我的同勞者們就脫離了魯濱遜式之非社會的與孤獨的地位。同勞者們，各種的職務，分工，由分工所指示的交換，都是已經存在了的。

總括起來：我有許多建築在分工與交換之上的需要。蒲魯東先生既經假定了這些需要，他就以爲是假定了交換和交換價值；他自己確確實實的以爲他是比其他的經濟學者們更仔細的來『解釋這種交換和交換價值之發生。』

蒲魯東先生很可以顛倒事實的順序，而仍舊堅持他的結論之正確。要說明交換價值，必須有交換；要說明交換，必需有分工；要說明分工，必須有分工之必然的需要；要說明必然的需要，當然首先就要「假定」這個需要，並不是要來「否定」這個需要；這是與蒲魯東先生的序言中之第一個定理『假定天神，就是否決天神』的話是相衝突的。（見凡普魯東原著，序文第一頁）

蒲魯東先生於分工是假定已知的，但是他是怎麼樣來說明爲他所當認爲未知的交換價值呢？

『一個人』去向『其他的人們，去向在各種職務中他的同勞者們提議，』要建設交換，要給使用價值與交換價值之間以區別。那些同勞者們，既接受了這種提議的區別，對於蒲魯東先生，沒有傍的注意留給他，只留給他使他在他的經濟學專書中，『仔細』對於『價值的觀念之發生』來『注意』。不過對於我們，總應該把這個提案的「發生」說明說明，最後要告訴我們怎麼樣這個單獨的人，這個魯濱遜，忽然會有了要向「他的同勞者們」提出這個已知的性質之提案的思想，又為什麼這些同勞者們接受這個提案，而絕無任何的抗議生出來。

蒲魯東先生卻沒有深入到這些世系學的細目裏面來；他於交換的事實，只簡簡單單的給一個歷史的印像之形狀，把交換的事實，表現在一個動作形態之下，只要第三部份已經成立了，交換就是要趨於成立的。

這就是蒲魯東先生之「歷史的與記述的方法」之楷模，他對於丹亞斯密斯 Adam Smith 和李嘉圖 Ricardo 之「歷史的與記述的方法」是表示一種非常的輕侮。

交換他有他自己本身的歷史，他是經過了各種不同的階級。

在過去曾經有一個時期，如在中世紀，其時，大家所交換的，只有剩餘的物件，只有消費中生產的過剩物品。

還有一個時期，不惟是剩餘的生產物，並且是一切的生產物，一切工業上的存在，都是轉移在商業之中，此時，全部的生產都是依存於交換。對於交換的這個第二階段，究竟怎麼樣解釋呢？——對於販賣的價値之第二乘力量，究竟如何解釋呢？

蒲魯東先生想有一個預備好了的回答，就是：『假定一個人向其他的人們，向他各種職務中的同勞者們提出』增高他販賣價値於他第二乘力量。

最後還有一個時期，凡是人們所認爲不可以讓與的東西，都成了交換的，商業的對象，都可以讓與。就是這個時期，一些事物一直到此時還只是授受，而從沒有交換；只有給與，沒有販賣；只有取得，沒有購買；——如德性，愛情，意見，科學，良心，等等——在這個時期，都變成了貿易的目的物了。這就是全部的腐敗和普遍的悖德時期，或者用經濟學的名詞來講，這個時期，一切的東西，道德的或是物質的，既然變成了販賣的價値，爲得來品評他正確的價値，就搬到市場裏面去了。

對於交換的這個新的最後的階段，——販賣價値之第三乘的力量——究竟是如何的說明呢？

蒲魯東先生又想有一個預備好了的回答，就是：『假定一個人向其他的人們，向他各種職務中的同勞者們提出』在德性，愛情，等等裏面來一個販賣的價値，提高交換的價値於他的第三乘與最後乘的力量。

我們從此就看見蒲魯東先生之『歷史的、記述的方法』於一切的事物都合，他可以答復一切的事物，他可以說明一切的事務。若果就中有關於『經濟思想的發生』之歷史的解释必要時，他就假定一個人他向其他的人們，在各種職務中他的同勞者們，來完成這種發生的工作，一切都如同他所說的了。

從此以後我們之接受交換價值的「發生」，就如同是一個已經完成的工作；而現在只待於要來陳述由交換價值到使用價值的關係而已。我們且來聽一聽蒲魯東先生的高論。：

『經濟學者們之把價值的兩重性格說明出來，算是做得很好！不過他們所還沒有說得同樣明白的，就是價值之矛盾性質；這個地方就是我們的批評之開始。…………若果只把使用價值與交換價值之間這個可驚的對立指明出來，那不算是一件什麼事；因爲一些經濟學者們，對於這種可驚的對立，是習慣了只能見其最單純性：還應當說明出來，在這種外觀的單純性中，隱藏了一個最深的神秘，而我們的任務，就是要深入這種神秘…………用技術的述語來講，使用價值與交換價值，他們彼此是相互成反比例的。』

若果我們很瞭解了蒲魯東先生的思想，這裏就有四點，是他自己所要確立的：

一、使用價值與交換價值構成「一個可驚的反對」，相互對立；

二、使用價值與交換價值他彼此就成了一個反比例，相互矛盾；

三、一些經濟學者既沒有看出又沒有知道對立與矛盾；

四、蒲魯東先生的批評是從終點起手，是顛倒來說的。

我們也是一樣，我們也從終點起．爲得替蒲魯東先生所非難的經濟學者們辯護起見，我們且引用兩位相當重要的經濟學者的話：

西士蒙底Sismondi說：『商業，使一切事物歸到使用價值與交換價值之間的對立．等等』（見經濟學研究，第二卷，第一六二頁，布魯塞爾 Bruxelles版）

羅德爾道 Lauderdale 說：『一般的講起來，國民財富（使用價值）之減少，是與由交換價值之擴大而個人財產才增加成比例的；只要由交換價值之低減而個人的財產也低減時，國民財富就要增大的。』（見對於公衆富財之起源和性質之研究，Largentil de Lavaise 譯本，巴黎，一八〇八年版。）

西士蒙底於使用價值與交換價值之對立之上，建設了他的主要的學說，根據他的學說，收入之減少，是與生產之增加成比例的。

羅德爾道是建設了他的學說的體系於兩種價值之比例上的；而他的學說之在李嘉圖 Ricardo 時代有如是之重要．就是李嘉圖，也說是一件普遍共知的事。『是由於把交換價值與富（使用價值）的觀念弄混合了，所以大家以爲一經減少了商品的量，減少了對於生活之享樂的，使用的必需的事物之量，就可以增加富財的。』（見李嘉圖著：經濟學原理。 Constancio

譯本，巴黎，一八九三年版，第二卷，關於富與價值章中。

我們在上面已經講過，在蒲魯東以前的經濟學者們曾經指明了矛盾與對立之最深的神秘。現在我們且來看看，於這些經濟學者以後，臨到蒲魯東先生的名下來了，看他是怎樣的說明此種神秘。

當「供給」是增加而需要是不動的時候，一個生產物的交換價值就低減；換句話說，當一種生產物他的供給是比「需要」還豐裕的時候，他的交換價值，或是他的價格就要低廉。反之，當一種生產物他的供給是比需要要稀少的時候，這個生產物的交換價值或是他的價格就要高漲；換句話說，生產物的供給愈比需要還稀少的時候，而價格就愈貴。一個生產物的交換價值不問他是繫於他的豐裕或是繫於他的稀少上面，總是與需要生關係的。現在假設有一個最珍貴的物品，有一個獨有的物品，若果願意這樣假設：此種獨有的物品，假若是不爲人所需要，他就比極豐饒的物品還要豐饒，他就成了多餘的物品。反之，設使一個輾轉增加幾百萬倍的物品，若果他不夠供給，換言之，若果需要的人是太多，那他總還是稀罕。

這就是眞實的事，我們可以說，差不多是衆人週知的事。爲得明白蒲魯東先生的神秘，在此處還須把他引證出來。

『因此，依照原理一直追求到最後之結果，大家就要達到最合於論理的結論：凡屬日用所必需而數量是無窮的物品，應當是一文不值；毫無用處而極端稀罕的物品，就是無價之寶。然而所最困難的，就是實際上絕不允許有這種極端：一方面，任何人類的生產物，也絕不能夠達到這種絕大無窮的增加地步；在另一方面，最稀罕的物品，無論稀罕到若何程度，也總要有效用才行，假若無用，那也就可以說是沒有一點兒價值。因此，使用價值之與交換價值，他們彼此就不得不然的要有關係，即使他們的性質是不斷地趨於彼此相消。』(見前書，第一卷，第三九頁)

但是是什麼東西使蒲魯東先生這樣的困難呢？簡簡單單地只是由於他忘記了需要，而並且一件事物之稀罕成是豐裕，完全是由於這件事物有同等的需要；若果一旦丟開了需要，那嗎，稀罕之於交換價值，豐裕之於使用價值就相消了。其實，一經說道全無效用而極度稀罕的物品是極貴的，那就簡簡單單地是說交換價值只是一個稀罕了。『極端的稀罕與全無效用』，就是純粹的稀罕。『無估計的價格』就是交換價值之最大限度，也就是極純粹的交換價值。他把這兩個名詞列之為等式，所以交換價值之與稀罕，便弄成了對等的名詞了。對於此種「極端的結果」之究竟，蒲魯東先生才曉得使他所討論到極度的，不是事物，而是解釋事物的名詞，而並且對於這些名詞，他從修詞學上的證據還比論理學上的證據為多。當他相信發現了新的結論時，他才再認識了他的最初的假定於其赤裸裸的假定之中。是幸虧有了這種

— 9 —

同樣的方策，他才能够把使用價值與單純的豐裕弄成同等的東西。

於把交換價值與稀罕，使用價值與豐裕弄成了等式以後，蒲魯東先生才很驚啞地在交換價值與稀罕之中旣看不出使用價值來，而在使用價值與豐裕中，又看不出交換價值來；旣然洞見實際上絕然不許有此種極端的事物，所以他除了相信神秘以外，幾乎沒有別的行動了。他以爲有極貴的價，是因爲沒有了買客，然而在他一天是把需要來抽象化，他就一天找不出買客來的。

在另一方面，蒲魯東先生所謂之豐裕，好像是些自然發生的事物。他却完全忘記了是有些人在那裏製造豐裕，並且還要這些製造豐裕的人總不忽略了需要。若果不是如此，那嗎，蒲魯東先生是怎麽樣的能够說很有用的事物應當是很低廉的價，或者甚至於一文錢不值呢？若相反，蒲魯東先生還應該這樣的得出結論：假若要提高物價，假若要提高交換價值，就應該限制豐裕，就應該限制最有用的事物之生產了。

法蘭西古時種葡萄的人，曾經要求，禁止對於葡萄之栽種的法令；荷蘭人他們焚燒亞細亞的香料，掘拔在莫落克島，Moluques的丁香樹；其最簡單的原因，就是爲得要減少豐裕而增加交換價值。在中世紀，用法律來限制一個主人可以使用多少跟隨人的數目，與使用多少器具的數目，也完全是基於這個同一的原則。（參看昂得生 Anderson 著：商業史 Histoire du Commerce)

於把豐裕看作一個使用價值，把稀罕看作一個交易價值以後，——沒有什麼東西比証明豐裕之與稀罕是成反比例要再容易的。——蒲魯東先生就來把使用價值看作是與供給一致的，把交換價值看作是與需要一致的。為得使這種對偶法更加顯著時，他來調換詞句，把「意見的價值」來代替「交換的價值」。這樣看來，鬥爭的範圍就改變了。我們於是在一方面，是「效用」(Utilite(使用價值，供給)而在另一方面，是「意見」Opinion(交換價值需要。)

這兩種力量彼此相互的抗爭，誰來把他們調協呢？又怎麼使他們歸於調協呢？在兩者之間，是不是成立了一個比較之點就够了呢？

蒲魯東先生說：『是的，在這兩者之間，確然是有一個比較之點存在，所存在的就是「自由意志」。從「使用」與「意見」之間，從「供給」與「需要」之間的鬪爭所發生的結果的價格，並不是永遠的正義之表現。』

蒲魯東先生更闡明此種對立，他說：

『以我這個自由買客之資格，我就是我的需要之裁判者，是物品之合宜與否的裁判者，是對於這件物品願意出得多少價格的裁判者。於另一方面，以你那個自由生產者的資格，你就是處置生產的手段的主人，其歸結，你就有低減你的生產價格之全權。』(見第一卷，第

四十二頁)

需要或是使用價值，既然與意見一致，所以蒲魯東先生結果就要這樣說：

『由此可以明白是由於人的自由意志，才生出交換價值與使用價值之間的對立來。在自由意志是存在一天，究竟怎麽樣來解决這個對立呢？又是怎麽樣能夠犧牲自由意志而很少犧牲人呢？』(見第一卷，第五十一頁)

據這樣講來，是無結果之可能了。在這兩個力量之中，在使用與意見之中，在自由購買者與自由生產者之中，就有一個無窮盡的鬬爭存在。

我們且更近一步來看看。

供給不是專代表效用，需要也不是專代表意見。一個要求貨物的人，他是不是也供給某種生產物，或是也供給凡百生產物的代表的符號，如貨幣呢？一經供給了他所供給的，根據蒲魯東先生講起來，是不是也就代表效用或是使用價值呢？

在另一方面，供給貨物的人，是不是他也需要某種生產物或者凡百生產物的代表的符號呢？既是他自己也有需要，那不也就成了意見的代表，意見的價值，或是交換價值的代表嗎？

需要同時也就是一個供給，而供給同時也就是一個需要。因此看來，蒲魯東先生的對立說，把供給與需要簡簡單單的看作是同等的，把需要歸之於效用，把供給歸之於意見的學說，不過是建築在一個無價值的抽象論上面。

蒲魯東先生所稱爲是使用價值的，其他的經濟學者們，也有同樣的理由來稱作意見的價值。我們在此處不過只舉出史脫爾治 Storch 的話來，就是可以明白的。（見他所著的：政治經濟學講義，Cours d' économie politique 巴黎，一八二三，第八八頁，九九頁）

根據史託爾治的意思，我們稱作「需要」，是於一些事物我們感覺到需要；我們稱作價值，是於一些事物我們給予他的價值。事物的一大部份，只有價值，因爲這些事物滿足爲意見所生出來的需要。對於我們的需要的意見是可以改變的，因此，事物的效用，他不過只說明由這些事物到我們的需要的一個關係，他也是可以改變的。自然的需要之本身，是不斷的變動的。其實，在各種不同的民族之間，自然所產生的物品，用以供給主要食料的物品，，其變易之處，又何限呢！

其實，在效用與意見之間，是不會生出鬬爭來的：鬬爭是發生於供給者的販賣價值，與需要者的販賣價值之間。生產物之可交換價值，每次都是矛盾的評價之結果。

在最後的分析，供給與需要，他和生產消費合攏到一塊來了。不過生產與消費是建築在個人的交易上面的。

某人所供給的生產物，他本身是無效用的。是要消費者才確定他的效用。卽使效用性質是已經公認了的，那都不是確確實實的效用性質。在生產過程當中，他曾經與凡百生產的費用交換過的；如原料品，工人的工資等等，都是販賣價值。因此，由生產者看起來，生產物就代表交換價值之總和。供給的物品，不僅僅是供給一件使用的物品，而並且，尤其是供給一個販賣價值。

至說到需要，他只在交換的手段完全在他處理的條件之下才會實現的。而這些交換的手段之本身，就是生產物，就是販賣價值。

因此，在供給與需要之中，一方面，現出一個有販賣價值與出賣的要求；而在另一方面，現出有販賣價值的手段和收買的要求。

然而蒲魯東先生把自由購買者與自由生產者對立。他給予他們以一些純粹形而上學的特質。這也就是使他說：『由此可以明白是由於人的自由意志，才生出在交換價值與使用之間的對立來。』這些話的原因了。

生產者，只要他一旦是在分工與交易的社會而生產，他就是要被強迫而販賣的，這就是蒲魯東先生的假設。蒲魯東先生把生產者算作是生產手段的主人，但是他一定是同意於我們的生產手段所依附的並不是自由意志。而並且還不止此；此種生產手段，是從他的身外來的生產物中之一大部份，而在現代的生產之中，並不是很自由的要生產多少分量就生產多少分量的。在生產力的發展之現階段，是使他不得不生產到某種一個限度的。

消費者也並不比生產者要自由些的，消費者的意見，是建築在他的手段和他的需要上面的：而他的手段和他的需要，是為他的社會地位所決定的，社會地位又是依附於社會組織之全部的。是的，購買馬鈴薯的勞働者與購買花邊的持家婦，他們各人都是依照他們自己的意見以行的。不過他們的意見之差異，即表明他們在社會上所處的地位之不同，而此種不同的地位，是社會組織的產物。

但是需要的體系之全部究竟是建築在意見之上，抑還是建築在生產組織的全部之上呢？常常需要是直接的從生產裏面產生出來的，或者是從建築在生產上之某些事物而來的。譬如世界的商業，他之流通，差不多全部是繫在需要上，並不是個人的消費之需要，而是生產的需要。因此，還可以再舉出一個例來。例如社會上有種「公証人」Notaire 的需要，這豈不是因為預先有一種民法存在，而民法還不是私有財產之某種發展之表現，換言之，即是生產的某種發展之表現嗎？

要來消滅剛才我們所講過的供給與需要的關係，這於蒲魯東先生是不滿足的。他把抽象化的程度擴張到極點，把一切的生產者化為一個單獨的生產者，把一切的消費者化為一個單獨的消費者，而建立起在這兩種靈虛的人們中的鬬爭。然而在現實的世界中，事實之經行却是另外一種情況。供給者之間的競爭與需要者之間的競爭，構成買者與賣者的鬥爭之一個必然的要素。而販賣價值就由此產生出來。

於消滅了競爭與生產的費用之後，蒲魯東先生就可以隨他自己的便把供給與需要的公式歸束到謬誤之點。

他說：『供給與需要並不是別的東西，乃是兩種儀式，用以表現使用價值與交換價值，并且促進他們兩者間的調和。這就如同電的兩極點一樣，兩極點的接觸，就必定要發生出和合的現象如所謂之交換的現象來。』（見第一卷，第四十九與第五十頁）

同樣可以說，交換不過只是爲表現消費者與消費的對象物之一種「儀式」，同樣可以說，一切的經濟關係，都是用以做媒介一種「儀式」。供給與需要，他是某種有定的生產之關係，恰如個人間的交換一般。

這樣看起來，蒲魯東先生的辨証法，究竟存在於什麼地方呢？他就是想把抽象的與矛盾的概念，例如把稀罕和豐裕，效用與意見，一個生產者和一個消費者，一對自由意志的騎士，去代替使用價值與交換價值，供給與需要。

但是他爲什麼要這樣做呢？

準備着後來介紹已經排斥要素之一種，如生產費用，就當作如同使用價值與交換價值之間的綜合。因此，在他的眼中，生產費用就構成綜合的價值或是構成的價值。

第二節　構成價值或綜合價值

『價值(販賣的)乃是經濟構造的基石。』『構成』價值乃是經濟矛盾之體系的基石。

既是如此，那嗎，構成蒲魯東先生在經濟學上一切的發明之『構成價值』是什麼呢？

一經承認了效用，則勞働就是價值的源泉。時間就是勞働的尺度。生產品的相對價值，是由於爲生產這個生產品所必需使用的勞働時間來決定的。價格乃是一種生產品的相對價值之貨幣的表現。最後，一種生產品的構成價值，簡簡單單就是由於生產品中所包含的勞働時間所構成的價值。

和亞丹斯密斯之發現了分工一樣，蒲魯東先生以爲他自己發現了構成價值。其實這也不算是『什麼聞所未聞之事』，不過我們並且還要承認，在經濟科學之任何發現中，並沒有一點聞所未聞之事。蒲魯東先生既覺感到他的發明之重要，然而『爲使讀者相信他的誇大的創造力，並和緩讀者，使之不容易接受新思想的智慧，』他却想來低減他的發明之功績。但是，一旦他參加了他的每個前輩在估量價值上所做的事業，就必然的要使他大聲承認價值的大部份和最大部份，都是由他才成功的。

『價值之總合的觀念，曾經是爲亞丹斯密斯所模糢糊認識過的。……但是，亞丹斯密斯對於這種價值的觀念都是直覺的：而社會之對於直覺的信仰却不改變他的習慣；社會只是根據事實的威權來決定自己。要把矛盾律作一個最明白顯著的方式來表現時，隨依 J. B. Say. 乃是他的主要的解說者。』

這就是綜合價值現成的發現史：亞丹斯密斯發現了模模糊糊的直覺；隨依發現了矛盾律；蒲魯東先生則發現『構成的』和成立的眞理。並且我們也不要誤會了，一切其他的經濟學家，從隨依以至於蒲魯東先生，不過都只是遵循矛盾律的故轍。『四十年以來，許多有思想的人們都爲着反對這樣一個簡單的觀念所擾亂，這却眞是不可思議的事了！然而却不如此。諸價值的比較，卽使在諸價值之間無任何比較點，無任何尺度的單位，也是可以成功的：上面所說的，就是十九世紀的經濟學家決定來抵制並且反抗一切的主張，差不多還是包括平等之革命的理論。然而後世的人對此又將怎樣講呢？』（第一卷，六十八頁）

後世的人，突然這樣的被追問，將對於年代上會起首發生一個爭執。他們必然要自己想想：那嗎，李嘉圖和李嘉圖的學派還不是十九世紀的經濟學者嗎？建立在商品的相對價值，由商品生產所必要的勞働量而決定』的原則之上的李嘉圖學說的體系，成立於一八一七年。李嘉圖是從君政復古以來所統治英國的一個學派之領袖。而李嘉圖的學說，算是嚴厲的無情的總括了近代一切的資本主義。『後世的人對此又將怎樣講呢；他總不能夠說蒲魯東絕然不知道李嘉圖；因爲蒲魯東曾經講到李嘉圖，他曾經時常提起李嘉圖，並且常講到他，歸結還說李嘉圖是一個拉圾堆。』若果後世的人要起來說話，他或者說蒲魯東先生因爲怕觸犯了讀者們厭惡英國人的感情，寧可他自己對於李嘉圖的思想來負責。雖然如此，而後世的人却很自然的可以看出，蒲魯東先生把李嘉圖從科學上發揮出來成爲社會的理論，成爲資產階級的理論，看作『將來之革命的理論』；因此，他並且將李嘉圖及其學派很久以前所提出矛盾律的一方面，即交換價值之科學公式，拿來解決效用與交換價值之間的矛盾律。我們現在且把後世的人撇開一邊不談，專就蒲魯東先生和他的前輩李嘉圖來比較看看。下面所引證出來的幾段話，可以總括李嘉圖對於價值的理論：

『交換價值的尺度並不是效用，雖然效用是爲交換價值所必要的條件。』（見經濟學原理第一卷，第三頁，由賈士唐西約從英文譯文。一八三五年，巴黎版）

『一些物品，如果他本身是被認爲有用的物品，就從兩種源泉獲得他的交換價值：即從物品的稀罕和取得物品之必要的勞働量來獲得交換價值。也還有些物品，他的價值不是由於稀少性來決定的。任何勞働都不能夠增加其分量的物品，那嗎，他的價值也絕對的不能夠因爲他的豐裕而低落。這卽如貴重的雕刻物或是貴重的圖畫等等都是如此。貴重的雕刻物和貴重的圖畫之價值，完完全全由於想要享有這些物品的人之性質，嗜好和貪慾而定的。』(見前書，第一卷，第四頁，第五頁)『然而這些物品，又只佔日用交換的商品之最小部份。人們想要佔有之大部份的物品既然是工業的生產品，所以不惟是在一國，並且就是在多數國，只要我們利用必需的工業來創造這些物品，那我們都可以把這些工業生產品發展到一個幾乎無限制的程度。』(見第一卷，第五頁)『那嗎，當我們之談到商品，談到商品的交換價值以及規定其相對的價格的原則時候，我們所見着的只有這些商品，其分量可以由人類的工業而增加，其生產是爲競爭所促進，並不爲任何障礙所阻滯的。』(見第一卷，第五頁)

李嘉圖引證亞丹斯密斯的話，他以爲亞丹斯密斯『對於一切的交換價值之最初的來源下了一個很確切的定義的，』(見斯密斯原書第一卷第五章)他並且說：

『除開人類的工業所不能任意增加之物品以外，(這如勞働時間)就是一切物品的交換價值之眞實的基礎，這就是經濟學上最重要的學說之一點：因爲在經濟學中除了關於價值這個名詞之外，也再沒有別的東西，他其中能够生出如許的錯誤，能夠生出許多不同的意見以及模糊而不正確的意義來。』(見第一卷，第八頁)若果是由一件事物中之已定的勞働量來規定他的交價值，那嗎，一切勞働量之增加，必然的要增加所被用之某種對象物的價值，同樣，一切勞働的減少，也必要減少物品的價格。』(見第一卷，第九頁)

李嘉圖以後又非難亞丹斯密斯：

一、『他給價值以一種勞働以外的尺度，或是用麥子的價值，或是用物品所能夠買的勞働量等等。』(第一卷第九頁與第十頁)

二、『無保留的承認了原則，而限制這種原則之適用於資本的蓄積與土地的私有權所發生以前的社會之原始的野蠻的狀態。』(第一卷，第二十一頁)

李嘉圖極力証明：土地的私有權，換言之，即所謂地租，不會改換農產品的相對價值，而資本的蓄積，只對於爲生產使用的勞働之比較數量所决定的相對價值上面行使一種暫時的不定的影響。根據這種論據，就產生他那種有名的地租論，并分解資本，到最後的分斷，又同轉頭來承認資本不過只是蓄積的勞働。他繼續就來發揮工資與利潤之全部的學說，並且指明出來，工資與利潤是彼此按照反比例而有高漲和低落的變動，而此種變動，並不影響於生產品之相對的價值的。至於由資本的蓄積和資本之性質上的差異(如固定資本與流動資本)以及工資率之能夠施其影響於生產品之配合的價值，他並不輕忽。這些也都是使李嘉圖所注意研究的主要問題。

他說：『在勞働中的一切節省，常常可以使一種商品之相對的價值減低；或者此種節省是在於製造物品本身之必要的勞働上面，或者是在於爲形成這種生產中所使用的資本之必要的勞働上面。』（見第一卷，第四十八頁）『因此，只要一個勞働日是繼續的給甲以相同數量的魚，給乙以相同數量的野獸，那嗎，不管他在工資中和在利潤中的變動是如何，也不問他資本蓄積之結果是如何，而相互的交換價格之自然率終久總還是一樣的。』（見第一卷，第三十二頁）『我們曾經把勞働看作是如同諸事物的價値的基本，並且把物品的生產之必需的勞働量，看作是爲與其他的物品交換時所以决定商品數量之相互交換的規律：然而我們却未曾有意思想否認，在商品的時價中，這種自然的，原始的價格，不會有些偶然的和暫時的差異。』（見第一劵，第一〇五頁）『到最後的分晰，是生產的費用他規定物品的價格，並非如平常之所講的，是需要與供給之間的比例他規定物品的價格。』（見第二卷，第二五三頁）

羅德爾道曾經依據供求律或關於需求之相對的豐裕與稀罕之定律，來說明交換價値之變易。他以爲在物品的數量減少或是需要增加時，他的價格可以增高的；反之，在物品的數量增加或是需求減少時，他的價格是可以低落的。既是如此，那嗎，物品的價格是可以被八種相異的原因之作用而改變的，其中之四種原因是適用於物品的本身，另四種原因是適用於貨幣或是適用於作價値尺度的另外一種商品。這下面是李嘉圖的辨論：

『屬於個人或是屬於一個公司專利的生產品，按照羅德爾道所講的定律，其價值是變換的：貨物的價值，是按照這種貨物所供給的數量增大的比例而低減；也是按照購買這種貨物的人的願欲的比例而高漲；生產品的價格與生產品之自然的價值，是絕無一點必然的關係的。不過要談到在購買者中易於引起競爭的物品，其數量是可以依照通常的限度增加時，那他的價格就一定不是由需要與供給的狀況而決定，而是由生產費用之增高而決定。』（見第二卷，第一五九頁）

爲達到由勞働時間決定相對的價值起見，我們且來讓讀者把李嘉圖這樣簡單，明晰，正確的言詞，與蒲魯東先生對於修詞學的努力，仔細加以比較。

李嘉圖給我們指出構成價值之資產階級的生產之現實的變動。蒲魯東先生却把這種現實的變動變成抽象，好來依照他所謂之新的公式以支配一切。然而其實這種所謂新的公式，還不過只是李嘉圖所已經充分的說明，與現存眞實變動之理論的表現而已。李嘉圖是從現社會中找着價值的出發點，使我們明白現社會是如何的構成價值；而蒲魯東先生却從構成的價值做出發點，用這種價值的方法來構成一個新社會。在蒲魯東先生的意思，構成價值是應當繞一個圈，可以再成爲照這種估價方法所已構成的社會中之構成的價值。據李嘉圖的意思，爲勞働時間所決定的價值，乃是交換價值的定律；而蒲魯東先生則以爲此種構成價值，不過只是使用價值與交換價值之總合而已。李嘉圖的價值論，是現時經濟生活之科學的解釋，而蒲魯東先生的價值論，乃是李嘉圖的學說之烏托邦的解釋。李嘉圖從一切經濟關係中得出他的公式，以攷查公式之眞實性，並且用這種方法來解釋一切的現象，以及初次看來好像是與之相反的現象；例如地租，資本的蓄積，利潤與工資的關係的現象；確確實實是這個地方才是他的學說所以成爲科學的體系：蒲魯東先生既然完全用他自己那種抽象的假設來再發現李嘉圖的公式，所以他以後就不得不搜求他所改竄假並造之孤獨的經濟現象，好來做他的例證，做他的所已經存在的解釋，做實現他再生的觀念之開始。（參閱本書第三節，構成價值之應用）

現在我們且來談談蒲魯東先生對於構成價值所得出來的結論。（由勞働時間的構成價值）

——某種有定的勞働數量，即相等於爲同一的勞働數量所造成的生產品。

——一個全部的勞働日，値得另一個全部的勞働日；這就是，就相等的數量說，這一個人的勞働，即相當於那一個人的勞働；其間並無什麼質的差異之存在。就相等的勞働數量說，這一個人的生產品，就與那一個人的生產品交換。凡百人的都是工資的勞働者，而並且都是以同等的勞働時間得同等的報償之工資勞働者。完全無缺的平等就處於交換之上。

此種結論，是不是爲勞働時間所決定的或是爲構成價值之自然的，嚴密的結果呢？

若果一種商品的相對價值，是由生產所必需的勞働量而決定的，那嗎，狠自然的，相對的價值或是工資也同樣是爲產生工資的勞働量所決定的。這樣看來，工資，即相對的價值或是勞働的價格，就是爲產生工人所以維持生活之一切必需的勞働時間所決定的。『你若果減少了帽子的製造費用，即使需要帽子的人可以增加到二倍，三倍，或是四倍，而其結果，帽子的價格也是照他的新的自然價格而低落。你若果爲減少人們生存的費用，而低減所以維持生活之衣服食料的本來價格，即使對於勞力的要求可以有很可觀的增加，而其結果，工資還是要低落的。』（見李嘉圖，第二卷，二五三頁）

誠然，李嘉圖的語句，是再開玩笑也沒有了。把帽子的製造費用與所以維持人類的生活費用放在一個相同的地位，這就是把人變成帽子。此種玩笑主義，是表現在事物之中，而不是表現在解釋事物的字句中。法蘭西的著作家如德落茲Droz，布朗紀Blanqui，維西Rossi，以及其他的先生們，爲推敲「人道的」語詞之標記，都表示天眞爛漫的滿足，以証明他們是超越於英國的經濟學家之上。若果他們非難李嘉圖及其學派之開玩笑的語詞，那是因爲他們很難堪的看見了他們赤裸裸的陳述了經濟的關係，洩露了資產階級的神秘。

我們總括起來說：勞働，他本身旣是商品，所以也只能够算作如同由生產勞働的商品所必需的勞働時間看待。爲得產生勞働商品，是需要着什麼呢？很明白的，是要有勞働時間來生產維持不斷的勞働之必需的物品，換言之，就是要使勞働者能够生活，並使他能够繁殖他的種類。勞働之自然的價格，不是別的東西，乃是最低限度的工資。假若工資的時價增加超過了自然的價格以上，那正是因爲普魯東先生所大概陳述之價值的定律，與供求關係之變動的結果相抵觸了。然而工資的最低限度，仍不失爲工資之時價的重心。

據此講來，用勞働時間所估計的價值，不惟不是如普魯東先生所意想情愿的爲無產階級解放之「革命的理論」，乃必然的是工人之近代奴隸制度的公式了。

現在我們來看看，用勞働時間來做價值的尺度，有多少情形之下是與現存的階級對抗，以及直接勞働者與蓄積勞働的占有者之間之生產品的不平等分配不相容的。

我們現在且來假定某種生產品，例如麻紗。像這樣的一種生產品，其中是包含一定的勞働量的。不問協同製造此種生產品的人們之相互的情況是如何，而此種勞働總是終久一樣的。

又另拿一種生產品如毛布來做例。毛布是需要與麻紗同一的勞働量的。

假若在這些生產品中有交換，那就是在這些相等的勞働量之間有交換。而在交換這些相等的勞働量時，我們之沒有變換生產者們之相互的情況，也同於我們之對於工人的情況與製造者們彼此間的情況之毫無變換是一樣的。要說用時間所估計的生產品之這種交換，其結果是一切生產者們獲得均平的報償，那就是假定把生產品之參預的均平來早先代替交換。只要麻紗與毛布的交換一旦成功，那嗎，毛布的生產者們將就要以他們從前生產毛布之相等的比例，來參預麻紗的生產一樣。

蒲魯東先生的迷謬之所由來，就是由於他把那充其量也不過是一種無根據的假設來當作一個結論。

我們且更進一步的來講罷。

當作價值的尺度之勞働時間，至少是不是假定諸勞働日都是相等的價值？就是說這個人的勞働日，其價值是不是等於那個人的勞働日呢？不是的。

且暫時假定一個寶石工人的勞働日相當於一個織布工人的三個勞働日。常常寶石對於織物其價值之變動，不過是需要與供給的變動之偶然的結果，那嗎，變動的原因就是應該在於彼方或此方爲生產所使用的勞働時間之增加或減少的緣故。假使種類不同的勞働者們的三個勞働日是一、二、三的比例，而在他們的生產品之相對價值中的一切變動也就必定是在這一、二、三的比例中之一個變動了。據這樣講來，即使各種不同的勞働日之價值是不平等，而我們也可以用勞働時間來估量價值了。不過爲得適用這種相同的尺度起見，就要我們有一個不同的勞働日之比較的尺度：是就爭，他建設了這種比較的階梯。

你的勞働時間相當於我的勞働時間嗎？這是要由競爭來討論的一個問題。

據一位美國的經濟學者的意見，競爭他決定一個複雜的勞働日中包括多少簡單的勞働日，此種把複雜的勞働日減成為簡單的勞働日的減縮，他是不是就假定可以把簡單的勞働來做價值的尺度呢？不問質量，只問用作價值尺度之惟一的勞働數量，此種數量的本身，就假定簡單的勞働之變成為工業的樞紐。他假定勞働因人類受機器的支配，或受極端分工的影響而平等化。人們在勞働的面前磨滅了；吊鐘的擺搖，變成了兩個人相對的勞力之正確的尺度，如同兩個火車機關頭的速度一般。因此，我們寧可以說這一點鐘的某先生，值得那一點鐘的另一位某先生，而不可以說這個人的一點鐘，值得那一個人的另一點鐘。時間是萬能，人是一點什麼也不值，這至多也不過是時間的枯骨化了。至於質量的問題是再沒有的了。只是數量他決定一切：一點鐘當一點鐘，一天當一天；不過此種勞働的均等，並不是蒲魯東先生之永久的正義之產物，而完全是近代工業的一個事實。

在使用機械的工廠裏面，這一個工人的勞働之與另一個工人的勞働，差不多是沒有什麼分別的；工人們除了為勞働所耗費的時間數量以外，再也沒有什麼東西可以區別他們了。不過雖然如此，而此種時間數量的差別，在某種觀點之下，就變成了質的差別；即如為勞働所使用的時間，一部分是繫於純粹物質的諸原因，如繫於年齡，性別，生理的構造諸原因：而另一部份是繫於純粹消極之道德的諸原因，如忍耐，鎮靜，勤勉等等原因。總之，若果在工人們的勞働中有一個質的差異，那嗎，這種質，至多也不過是最後的一種質，絕然談不上是一種特殊顯異的技能。講到此處，就可以知道在近代工業中之一些實際狀況了。而蒲魯東先生就是要在使用機械的勞働所已經實現了的這種平等上，來取得他那種「平等化」的飽鍋，以普遍的實現「未來的時間」之中。

凡是蒲魯東先生由李嘉圖學說中所抽譯出來之一切「平等主義」的結論，都是建立在一個根本的誤點上面的。這個根本的誤點，就是他把用勞働數量所估計的商品價值與用「勞働價值」所估計的商品價值弄混了。若果把這兩種估計商品價值的方法混而爲一，那就可以毫無差別的說：任何一種商品之相對價值，是爲商品中固定的勞働數量所估計的；或者說：商品的相對價值，是用可以購買的商品之勞働量來估計的；或者更可以說：商品的相對價值，是用可以取得商品之勞働量來估計的。但這也是不得不如此的。勞働價值之不能作爲估量價值之用，也同於任何其他的商品之不能作爲估量價值之用一樣。這只要舉出幾個例子來，就足以說明我們剛才所講的。

若果一斗小麥，在以前值一勞働日，到現在值到了兩勞働日，那就是有了他原來的價值之一倍。然而在這一斗小麥裏面，並不發生一倍勞働量的問題，因爲他其中並不包含比從前更多的滋養料。既是如此，那嗎，為生產小麥所使用之勞働量來估計的小麥價值，可以增加到一倍，然而無論是為那能够購買的勞働量所估計的小麥價值，或是為那能够被購買的勞働量所估計的小麥價值，他總談不到增加到一倍。從另一方面講，假若同樣的勞働，出產了比以前多一倍的衣服，那嗎，衣服的相對價值就是低減了一半；但是即使如此，而此種加倍數量的衣服，總不能就因為這個原因把勞働的數量也低減到只要一半，或是同樣的勞働就不生產一倍數量的衣服來；因為這一半數量的衣服，仍然是給工人與此相同的效用。

因此，用勞働的價值來決定農產物之相對價值，是與經濟的事實相抵觸的。這是在一個壞的循環圈內旋轉，是用一個相對價值來決定另一個相對價值，而這個相對價值之本身，又還須被決定的。

這無疑的是蒲魯東先生把兩種尺度弄混了。就是他把一種商品生產所必需的勞働時間的尺度與勞働價值的尺度弄混和了。他說：『任何人的勞働，可以購買勞働所包含的價值。』照他的這種意義講起來，在一個生產品裏面所包含某種固定的勞働量，就與勞働者的報酬相等，換言之，就與勞働價值相等。也就是由於這個相同的理由，使他把生產費用與工資弄混了。

『什麼是工資呢？工資就是麥子等等的「實價」bprix de revient，就是一切物類之「成素價格」le prix intégrant。』更進一步說：『工資就是構成財富之諸要素的比例。』究竟到底什麼是工資呢？工資就是勞働的價值。

亞丹斯密斯有時把生產商品之必要的勞働時間做價值的尺度，有時把勞働的價值做價值的尺度。李嘉圖揭穿了這種錯誤，而使人很明白看出這兩種估量價值的方法之不相合。然而蒲魯東先生却把亞丹斯密斯只並列爲一類的這兩種東西視爲同體，把亞丹斯密斯的誤謬更加增大了。

是爲着要找出勞働者應當分配生產品之正確的比例，換言之，是爲着要決定勞働之相對的價值，所以蒲魯東先生來尋求諸商品之相對價值的一個尺度。爲得決定諸商品之相對價值的尺度，他以爲再好莫過的，就是把那由某種勞働量所產生的生產品之總額，以與某種勞働量相等。這也就是使他還要假定，社會全體所包含的，只有直接的勞働者，只有領受他們自己所生產的物品爲薪資的勞働者的理由。第二步，從實際上，他就提出各種不相同的勞働者們之勞働日的相等來。總括的講起來，爲得要找出勞働者之平等的報酬來，他就尋求諸商品之相對價值的尺度；爲得去尋求諸商品的相對價值，他就把薪資的平等著作是一個已經發現了的事實。這是多麼奇怪的辨證法喲！

隨依Say和追從隨依的一些經濟學者，曾經注意到，勞働他本身既然也是一個估量的主題，一種商品也如同另一種商品一樣，就有循環論法，作為價值的原理和價值所以產生的原因的。我可以說，這班經濟學者們，即此就表示了一個絕大的不注意。勞働之所謂價值Valoir，並不是就商品的本身而言，乃是就我們所假定根深蒂固的包含於商品中之價值而言。勞働的價值，是一種比喻的表現，是一種原因對於結果的前提。這是與資本的生產性 La Productivité du Capital 同一名稱的一種假定。勞働，他生產；資本，他值價；……用一種省略的語句講來，我們就說是勞働價值。……勞働也同自由一樣……他是一種性質空泛而不確定的東西；然而他却是由他的對象而作性質的決定，換言之，他是由一種生產品而成為一種實體的。

『但是，這種的事還有再說明之必要嗎？自從經濟學家（你去唸唸蒲魯東先生的書）改變了事物的名稱 Uera rerum vocabula 以來，他就暗暗地表示他自己的無能，而脫離於事外了。』（蒲魯東，第一卷，一八八頁）

我們已經知道，蒲魯東先生是把勞働的價值做生產品的價值之「發生的原因」la cause efficiente，他甚至於把工資——「勞働價值」之近式的名稱——看作是構成一切物類的全部價格。是因為如此，所以隨依的反駁就使他惶恐不安。勞働商品（le travail marchandise）他是一種很凶的現實，然而在勞働商品之中，他却只看見一種文法上的省詞。所以建築在勞働商品上之整個的現社會，從此以後就是建築在一個放縱的詩辭之上，建築在一個比喻的表現之上了。假設社會是要『排除使他發生困難之一切的障礙』，好吧，就來排除一切不好聽的名詞，改變一切不好聽的詞調；若果只是如此，那也就只要是請於研究院，要他發行一種新的字典就夠了。（社會的障礙就可以排除了，換言之，用文辭的改革，就可以改革現實事物了——譯者註）根據上面所講的許多事情看來，就可以使我們很容易的明白，蒲魯東先生爲什麼在一部政治經濟學的著作中，注意於語言學上及其他部份文法上之冗長的論辨了。所以，他還要詳細的討論「服從」Servus這個字變化到「奴隸」Servare這個字之陳腐的轉變。此種語言學上的論辨，有一種深切的意義，有一種秘密的意義，他就搆成蒲魯東先生的論據之一個重要的部份。

勞働，勞働力，按照他的買賣講起來，是與其他的商品一樣，也是一種商品，因此，也就有一種交換價值。但是勞働的價值，或是如同商品的勞働，其生產之少，也如同麥子的價值或當作商品的麥子之用作糧食之少一樣。

勞働「價值」之多寡，是按照日用農產品之或賤或貴，現存的勞働者之供給與需要的程度之大小等等而定的。

勞働，絕然不是一種「廣漠不定的東西」，他總是一種確定的勞働，絕然不是那種買賣之一般的勞働。不惟勞働的質是被一種對象決定，並且就是對象也還是爲勞働之特質而決定的。

勞働，按照買賣講起來，他本身就是商品。爲什麼人家會購買勞働呢？『只是爲着大家假定在勞働中包含着價值的原故』。但是若果說某件物品是一種商品，那於購買這件物品之目的是沒有關係的；換言之，是與取得這件物品的效用及其用途是沒有關係的。說某件物品是商品，是把這件物品看作如同交易的對象之商品。蒲魯東先生之一切的論証，只限於這樣；購買勞働的人，不是把勞働當作消費之直接的對象。不，購買勞働的人，是把勞働當作生產的器具，如同他之購買一架機器一樣。勞働，按照一種商品講起來，只值價，不生產。蒲魯東先生或者還可以說，絕然就沒有商品存在那麼一回事，因爲一切的商品之購買既然只是爲着獲得某種實用的目的，絕然不是把他當作商品的本身來購買。

一經用勞働來估計了商品的價值，蒲魯東先生就很渺茫的揣度，以爲如同一個價值的勞働，即勞働商品，想免除這種同樣的估計之不可能。他就推測，以起碼限度的工資，作爲互相勞働之規則的，當然的價格，就是承認了社會之現存的狀態。因此，爲避免這種必然結的論計，他就轉變方面，而說勞働不是一種商品，也不會有價值。然而他却忘記了他自己還拿勞働的價值做尺度，他却忘記了他的學說之全部的體系是建築在勞働商品上面，是建築在與生產品買賣，交易的勞働上面。最後，是建築在爲勞働者收入之一個直接來源的勞働上面他統統都忘記了。

爲得要救全他的學說的體系，他却願意犧牲他的學說體系的基礎。

Et propter vitam vivendi perdere Causas！（爲生活而失去所以生活的基礎）

我們現在說到了『構成價值』之一個新的定義上面來了。

『價值乃是構成財富的諸生產品之適應的關係。』

首先我們要注意『相對價值或交換價值』那個單簡的語詞，是包含生產品之互相交換的一個任何關係的觀念的。雖然我們稱這種關係爲『適應的關係』，即使表現有變化，然而對於相對的價值，總是絕無變化的。無論一種生產品的價值是增高或是低減，都不會破壞生產品與其他構成財富的生產品之任何『適應關係』中之性質的。

那嗎，此種名詞，既無任何新的觀念，又爲什麽稱作新的名詞呢？

『適應關係』他可以使我們想到許多其他的經濟關係，如生產的適應，供給與需要之間之正確的適應等等；蒲魯東先生想到了這些關係，就規定那種販賣價值之專門的冗晦的註釋。

第一，生產品之相對的價值，既然是爲生產每種物品所使用的勞働之比較的數量而決定，那嗎，應用於交換特殊情形之適應的關係，就是表示在某種有定時間所能製造的物品，與這些物品的相互交換之一種相互分配量的意義。

我們且來看看蒲魯東先生於這種適應的關係是怎麼樣來解釋的。

大家都曉得，當供給與需要是相互均等的時候，無論任何一種生產品的相對價值，都是由其中所包含的勞働量所確切規定的。換言之，此種相對的勞働之表示適應的關係，恰恰與我們剛才所講的意思一樣了。然而蒲魯東先生却把事物的秩序弄顛倒了。他說，起首用生產品中所包含的勞働量來估計生產品的相對價值，於是供給與需要就不得不然的保持相互的均衡。生產於是就適合於消費，而生產於是就永久可以交換了。生產品的時價於是就可以表現他眞正的價值。這好比他應當向大家說：當天氣好的時候，有許多人去散步，而蒲魯東先生却不這樣說，却教大家去散步，來保証好的天氣了。

蒲魯東先生所認爲由勞働時間所决定之販賣價值的結果，只能用差不多像這樣的幾句話所能說明的一種定律來証明。

生產品從此以後就是按照他所消費的勞働時間之正確的比例而交換。無論供給與需要的比例是若何，諸商品的交換，總以爲他是按照需要的比例而產生的。任憑蒲魯東先生根據他自己來製造一種相同的定律，而我們都願意給他的証明。反之，若果他之証明他的理論，不是用立法者的資格，而是用經濟學者的資格，那他就應當証明，爲創造一種商品所必然需要的時間，就很正確的足以指明他的效用的等級，並且足以記載出來他對於需要的關係，以至於富財的總括關係。在此種情況之下，若果一個生產品是照他生產費用相等的一個價格而出賣，那嗎，供給與需要就總是保持一個均等的情況，因爲生產的費用是可以看作表明供給與需要之眞正的關係。

在實際上蒲魯東先生是極力的証明，爲製造一種物品所必要的時間，對於欲望是成正比例的。這樣講來，那嗎，花費最少的時間所產生的生產品，就是最有直接效用的，由此可以依次類推。依據他這種學說，只要某種奢侈品的生產，就足以証明，社會上就有一種餘閒的的時間，使社會來滿足一種奢侈的欲望。

蒲魯東先生在他下面的觀察之中，獲得了他的論文之本身的証據。就是：最有用的物品，花費最少的生產時間；社會上總是首先製造最容易的工業；繼續的才「製造花費最多的勞働時間，而適用於滿足較爲高等的欲望之物品。」

蒲魯東先生是借証了丟拿葉先生M. Dunoyer 之「抽出的工業」l'industrie extractive 如採拾，蓄牧，獵獸，捕漁等等；——這些都是最單簡而用費又最少的工業；人類是由這類工業起，來開始他那『第一期創造之第一日。』『最初之第一日，是記載在創世紀中的，創世紀他使我們知道，世界最初的工業家，是上帝。

而事實正是相反，這是蒲魯東先生所沒想到的。當文明開始的時候，生產就是建築在等級，身分，階級的敵對上面的。總之，是建築在蓄積的勞働與直接的勞働之敵對上面的。沒有敵對，就沒有進步；這是文明進步一直到如今所遵循的定律。一直到如今，生產力都是因爲這種階級敵對的制度而發展的。現在若果說，凡爲勞働者的一切要求都已經滿足，人們可以從事於較爲高等的生產物之製造，可以從事於較爲複雜的工業之製造，這就是把階級的敵對抽象化了，而紊亂了歷史的一切發展。這就是似乎可以說，因爲在羅馬皇帝時代我們餵養了海鰻，在人造的池中，我們如是就很豐裕的有所以給養全部的羅馬人民；然而事實却正相反，當羅馬的人民沒有錢買麵包的時候，而羅馬的貴族却不缺少奴隸來替他們飼鰻。

當奢侈品和工業製造品差不多不斷的繼續跌價的時候，而日用飲食的價格，差不多是不斷的增高。且就農業本身來說罷：當棉花，白糖，咖啡等等，以可怕的比例不斷地跌價的時候，而最切要不可少的物品如麥子，肉類等等都加起價來了。就是在眞正的食品中，其奢侈類如百葉菜 Artchaut ，龍鬚菜等等，到今日比較起日常必需的物品來，總算是相對地便宜了。在我們今日，不急於需要的物品，總是比最切要的物品容易生長些的。總之，在歷史上各種不相同的時代中，價格之相互的關係，不僅僅是相異，而並且是相反。在全部中世紀，農產品之與工業生產品，總是相對的便宜；而在近代，則成了反比例了。那嗎，農產品的效用，從中世紀以來，是不是因此就減少了呢？

生產品底使用，是爲消費者所處的社會條件來決定的；而這些社會條件的本身，則是建築在階級對立之上的。

棉花，馬鈴薯，與燒酒，都是最適用的物品。馬鈴薯發生了瘰癧；棉花驅逐了大部份的亞蔴與羊毛，雖然在許多情況中，亞蔴與羊毛是有更大的用處，然而這不過是只關於衛生方面；最後如燒酒，用作食料的燒酒，雖然普遍的認作是一種毒質，但是他却戰勝了啤酒與葡萄酒。各國政府整整在一世紀中徒然的去反對了歐洲的鴉片烟；然而經濟佔了優勝，經濟就發佈消費的命令了。

棉花，馬鈴薯，燒酒爲什麼是資本主義社會的樞紐呢？因爲，爲生產這些物品只要較少的勞働，所以這些物品的價格也就最低。爲什麼價格的最低限度能够決定消費的最高限度呢？是不是偶然的由於這些物品之絕對的效用，由於這些物品之內在的效用，由於這些物品的效用，是案合於「當作人的勞働者」之最有用的欲望，而不是案合於「當作勞働者的人」之最有用的欲望呢？不是的。這是因爲建築在貧乏之上的社會中，最苦難的生產品，是有供給最大多數人使用之必然的特性哪！

現在若果說，因爲費用較少的物品有最大的使用，所以這些物品就應當有極大的效用；那就是說，燒酒，因爲他的生產費用少的原故，所以如此普遍的使用，就是他的效用之最確

39

切的證據；那就是向「普羅當太兒」Prolétaire 說，馬鈴薯之對於他，是比肉類更滋補些的；那就是承受了現存的社會情况；結果就是與蒲魯東先生一樣，只爲一個社會辨護，而不求瞭解這個社會了。

在未來的社會中，不再有階級之存在，階級的對立也就是要止息的，那嗎，使用也就不再是爲生產的時間之最大限度所决定的了。但是，爲各種物品所耗用之社會的生產時間，就是要由他的社會效用之程度而决定的。

我們再回到蒲魯東先生的論旨上來。一個物品之生產所必要勞働時間，既經不是他的效用之程度的表現，那嗎，這種物品的交換價值，在以前就爲其中所包含的勞働時間而决定了，他也就絕對的不會規定供給與需要之正確的關係，換言之，他也就絕對的不會規定以蒲魯東先生此時所講的比例關係。

這絕然不是某種物品案照生產費用的價格之出賣他構成供給與需要之「比例的關係」，也不是此種生產品關係於生產全部之比例額他構成供給與需要之比較的關係，乃是供給與需要之變化，他指示給生產者以必須生產某種商品之數量，以便至少由交換可以收得生產的費用。而此種供給與需要的變化既是繼續不斷的，所以談到工業之各種不同的部門中，也就有資本的收縮應用之繼續不斷的運動了。

『資本只有由這類相同的變化，才確確切切的在相當的比例內，並非在比例外，應用於各種不同的商品之生產，是爲着這些各種不同的商品，就有需要。由價格之高漲與低落，利潤就高漲到一般的水平線以上，或是低落到一般的水平線以下，由這個地方，資本就爲剛才所証明的這些變動之一種或是他種特殊用途所吸引或是排斥。』

『若果我們注意於大都市的市場，我們就可以看見不管他是由於僻性或是嗜好之結果的要求之若何不同，或是由於人口的變異之若何不同，然而其所預備相當較量之各種的食品，本國的或是外國的食品是如何的有規律呢。他並不因爲豐富的供給而使貨物至於阻塞，又不因爲供給比需要不足而發生過分的昂貴：我們應當承認，照精密適當之比例分配資本到每個產業部門中的原則，是比一般所推測的更有力量些。』（見李嘉圖原著，第一卷，一〇五與一〇八頁）

若果蒲魯東先生把生產品的價值認爲是勞働的時間所決定的，那他也一樣的應當承認搖擺的變動，他單獨的使勞働做價值的尺度。沒有完全構成的「比例關係」，只有一種構成的變動。

由上面我們知道，是在那種義意之下，才是很正確的把「均衡——比例」當作是爲勞働時間所決定的價值之結論。我們現在且來看看，此種時間的尺度，爲蒲魯東先生所稱爲「均衡的定律」，是怎麼樣變爲「不均衡的定律」呢。

一切新的發明，把從來在兩小時內所生產的物品，到現在用一小時就可以造成；就使充斥於市場之一切同類的物品都跌了價。競爭使生產者不得不把那些費了兩小時所生產的物品，與那些僅費一小時所生產的物品以同樣的賤價出售。競爭，他實現了爲生產必要的勞働時間所決定的生產品之相對價值的定律。用作估量販賣價值的勞働時間，於是就變成了勞働之繼續的落價之定律。我們還可以說，不惟搬到市場上去了的商品要跌價，並且就是生產手段與工廠全部，也都會要跌價的。此種事實，李嘉圖指明出來了，他說：『生產的便利不斷地增加了，那我們就不斷地低減從前所生產之某些物品的價值。』（第二卷，第五十八頁）西士蒙底 Sismondi 則更比他進一步了。他從這種由勞働時間所「構成的價值」之中，來觀察近代工業與商業之全部矛盾的根源。他說：『照最後的分晰，商業的價值， la valeur mercantile 總是被決定在爲取得有價值的事物之必要的勞働數量上面的：這不是指着現在所花費的勞働數量，乃是指着從今以後生產手段或是改良了所花費的勞働數量；此種勞働數量，不管他是如何的難於估計，然而他總是爲競爭所忠實確定的。……賣主的需要，也與買客的供給一樣，都是根據這種基礎而計算的。賣主或者說，某件物品費了他的十個勞働日而完成；但是假若另有人承認，從此以後他可以用八個勞働日完成得了，若果競爭把這兩種承認表現於兩個當事者之前，那嗎，物品的價值得縮減爲八勞働日，並且就成爲市場的價格。誠然，這兩個當事者都很有這種意念：物品是有用的，物品是需要的，沒有需要就決不會有販賣，不過價格之決定，他之與效用是不保存有任何關係的』。（見不魯塞爾所刊行之研究……．第二卷，第二六七頁）

對於此點之疊叠贅詞是很有重要關係的。因爲所以決定價値的，並不是產生某種物品的時間，乃是物品很容易產生之最低限度的時間，而此種最低限度，又是由競爭來決定的。現在假設沒有了競爭，其結果就是沒有了方法來攷証爲生產某種物品所必需之最低限度的勞働。那嗎，其結果究竟怎麼樣呢？據蒲魯東先生的意思，爲由交換而有權來取得他人僅以一小時的勞働而獲六倍價値之同樣的物品，只要我把一種物品的生產弄成六小時的勞働就够了。

但是，若果我們總是願意思慮於關係的問題，好的關係或是壞的關係的問題，那我們所得的本來是應當「均衡的關係」，而却不是一個「均衡的關係」，乃是一個不均衡的關係。

勞働之繼續的跌價，不過只是爲勞働時間所估計食品價値的一方面，的一種結果。如價格過高，生產過剩，以及工業上許多其他混亂現象，都可以在這估量的方式中找得他的解釋出來的。

但是，用作價値的尺度之勞働時間，他既如是的爲蒲魯東先生所惑愛，至少他能不能在生產品中生出均衡的變異來呢？

然而完全相反，在他全部無變化中的壟斷，接着就侵入了生產品的範圍；這也如同大家所看見的，所知道的，壟斷之侵入於生產工具的範圍一樣。他只在幾種工業部門，如棉業部門，才發生迅速的進步。此類進步之自然的結果，舉例以言，就是棉類製造的物品很迅速的跌價；但是，棉花的價格低落，而同時蔴類的價格就應當比較的高漲。其結果是怎麼樣呢？其結果就是棉花將取蔴類的位置而代之。就是由於這種情況，蔴類才被逐於差不多全部北美洲以外。我們於是所得着的，不是生產品之比例的變異，而是棉花的統治了。

那嗎，此種「比例的關係」究竟還留下了什麼呢？所留下的只有一位忠厚人的願望，這位忠厚人願意各種商品按照一定的比例製造出來，此種比例是可以允許以低廉的價格出賣。從古至今，好的資產階級者和慈善的經濟學家們，都歡喜存着這樣一個天真的願望。

我們先讓波蛙，吉勒卑爾特 Buis-Quillebert老者來講話罷：

他說：『農產物的價格，總是應當按照一定的比例的；祇有這個想像 intelligence才可以把許多農產物總括的存在，當時相互的交換（你看，這就是蒲魯東先生之不斷的交換論）並且相互的接受彼此相依的生長。財富既然是人與人之間和職業與職業之間之一個不斷的混和物，那嗎，要想除開由價格均衡之混亂所引起的商業停滯這一個原因之外來找貧乏的原因，那却眞是一個可怕的盲昧了。』（見財富性質論，德爾 Dairet版。）

我們還來聽聽一位近代經濟學家的議論：

『大家所應當應用到生產上的一個大的定律，就是比例的定律 The law of proportion，惟一的只有這種定律，才只可以維持價値之繼續性，……等價値物是應當保証的，……一切的國家，在各個不同的時代，都想用許多商業上的條例與限制，來實現此種均衡的定律到某一點。但是，附於人類根性的利己主義，使人類推翻了一切的這種條例制度。均衡的生產 proportionate production，就是社會經濟科學之全部的眞理之實現』。（見亞特金生 W. Atkinson 著：政治經濟學原理，倫敦，一八四〇年版，第一七〇頁，一九五頁）

Fuit Troja，此種在供給與需要之間之正確的均衡，他是開始就做了許多願望的對象者，而現在已久不存在了。他已經變到衰老的情狀了。他只在生產手段被限制，交易限於極端狹隘的時代，才有存在之可能。大工業制度降生以後，此種正確的均衡就應當消滅，而且生產就不得不然的要在一個永久繼續的情況中經過興旺，衰落，恐慌，停滯，新的興旺以及如此循環的種種變化。

那班想恢復生產之正確的均衡，而同時並保存現社會之基礎的先生們，如西士蒙底，都是一些反動家。因爲他們一經要貫澈理論，就不得不想恢復過去時代的工業之一切其他的條件了。

保持生產之正確的，或是近乎正確的均衡究竟是什麼東西呢？曾經是需要，是支配供給而先於供給的需要。生產曾經是一步步地跟着消費而行的。可是到了大工業時代，他被那些爲他支配的器具本身所强制，不得不依照日益擴大的規模去生產，所以就不能够再等到需要了。生產就先於消費，供給就先於需要了。

在現社會中，在工業建立在個人的交換之上的社會中，爲一切貧乏根源之無政府的生產，同時也就是一切進步的淵泉。

所以，二者之中，必居其一：

或者你願意要過去數世紀之正確的均衡與我們現時代之生產手段並存，那嗎，你就是一個反動家而同又是一個空想家。

或者你願意脫離無政府狀態之進步：那嗎，爲得保存生產力，你就不得不拋棄個別的交換。

個別的交換，只能適應於過去數世紀的小工業及與他連帶而起之「正確的均衡」；或者能適應於大工業及伴隨大工業而行之貧乏與政府狀態。

總之，把勞働時間做價值的決定，換言之，就是蒲魯東先生給我們當作將來再生產的公式，只是現社會之經濟的關係之科學的表現，如李嘉圖在蒲魯東先生很久以前之所明白斬捷

— 46 —

指示的。

但是，此種公式之「平等的」應用，至少是不是屬之於蒲魯東先生？是不是他想把一切的人都變成直接的勞働者，想交換平等的勞働量來改革社會的第一個人呢？這是不是應當由他來責罵共產主義者，——這班缺乏經濟學知識的人們，這班固執愚蠢的東西，這班「天堂的空想家們」——說他們在他以前沒有找出『解決普維雷太里亞的問題』來呢？

無論怎麼樣一位如何不熟習英國政治經濟學運動的人，都不會不知道，在這一國，各時代差不多全部的社會主義者，都已經提議對李嘉圖學說之平等的應用。我們可以給蒲魯東先生引証出來：如一八二二年霍布金士 Nopkins 所著的政治經濟學；一八二七年，威廉・同卜生 William Thompson 所著的財富是適合於人類幸福之分配原理的研究；一八二八年愛的蒙次 T. R. Fdmonds 所著之實際的，道德的，政治的經濟學，等等；與其他等等四頁。我們願意聽一位英國共產主義者布銳依先生 M. Bray 的議論，我們且舉出他的名著中如一八三九年在利茲 Leeds 所出版之勞働的害處與勞働救濟一書中之最重要的部份，我們的願意多費點時間來研究他；第一，因爲布銳依先生在法國是不大著名的；第二是因爲我們相信在這本書中，找得出蒲魯東先生之過去，現在與未來的著作之關鍵來。

『達到眞理之惟一的地方法，就是正面的接近基本原理。我們一舉就來回溯到政府本身所以從出的根源。若果照這樣去探求一件事物的根源，那我們就可以知道，凡百政府的力量，一切社會的與政府的不公平，都是由於現存的社會制度——如現存的財產制度——而來的；因此，要永遠地消滅現今之不公平與貧乏，就必定要澈底的推翻社會之現存的狀態；……若果我們站在經濟學者本來的地位上，并且用經濟學者自己的武器來攻擊經濟學者，那我們將可以躲脫他們常常發生的空想者和理論家之不合道理的饒舌。

『只要稍微否認，或是非難他們所據以建立他們本己的理論和眞理的証據，那瑪，那班經濟學者們就決難駁擊我們用這種方法所得到的結論。(見布銳依著，一七與四一頁)只有勞働他可以產生價值。……每個人，對於他用正當的勞働所獲得的一切，都有一個確實不移的權利。既是如此，若果他佔有了他的勞働的產物，他對於其他的人們，也并不犯任何不正當之罪，因爲他並絕然沒有侵犯別人也照這樣行動的權利。……凡是主人，傭工，在上者和在下者的一切思想，都是由於忽畧了基本原理而來的，因之，就把不平等放進佔有裏面來。只要這種不平等一天存在，那就一天不能剷除這種思想，和建築在這種思思上之一切的制度。一直到現在，大家總是有一種空想，想去救濟那個違反自然的實際狀況，卽現在統治我們的狀況，他們想消滅現存的不平等，而讓不平等的原因存在；我們卽刻就可以指出，政府並不是一個原因，只是一個結果，並且政府不創造，而只被創造；總之，他是在佔有之中的不平

等之結果，而並且佔有的不平等之與現存的社會制度，是不可分離的聯合在一塊的。』（見布銳依原著，第三三，三六，與三七頁）

『平等制度，在他看起來，不惟有最大的利益，而並且有最嚴格的正義。……每個人都是一個環，並且都是在許多結果的連鎖中一個不可少的環，這個環是從一個觀念做出發點，其結果或者達到一疋毛織布之產生。既是這麼樣，那嗎，只要我們對於各種不同的職業之嗜好不是一樣，那就不應當下論斷，說，這一個人的勞働，應當比另一個人的勞働獲得較多的分配。發明家，除開他正當應得的金錢報償以外，其所接受於我們之傾慕的報酬，只要單獨的那種天才，也就是可以的得到的。……』

『由勞働與交換之本來的性質，最嚴格的正義，他要求：凡百交換者都有利益，不特有相互的利益，而並且有平等的利益。也只有兩種東西，人們才可以相互交換，這兩種東西就是：勞働和勞働的生產品。若果交易是依照一種公正的制度而施行，那嗎，凡百一切物品的價值，都由他的全部生產費用來決定，並且相等的價值，也就總是與相等的價值交換。舉例以言。假設做帽子的人費了一天的工夫製成一頂帽子；做靴子的人，也費了這樣相同的一天工夫製成了一雙靴子，（又假定他們所用的原料是相同的價值，）他們把這兩種東西交換起來，則他們從這些東西裏面所取得的利益既是相互的而且又是平等的。這一方面所得到的利益，不會是另一方面的不利益；因爲他們每人既然供給了相同的勞働量，而他們所使用的原料也是同樣的價値。但是若果做帽子的人用一頂帽子得到了兩雙靴子，顯然的，這種交易就是不公道的。這就是做帽子的人騙取了做靴子的人的一個勞働日；並且假若他在一切的交換中都是如此行爲，那他就是以半年的勞働，取得別人一年的勞働生產品。一直到此時，我們都是依照這種非常不公平的交易制度以行的：工人總是把一年的勞働給資本家，而交換得半年的價値。——富財與權力之不平等，就是由此而生，并非由於大家之所想像的由於個人之體力與智力之不平等而生的。交換的不平等，購買與販賣中之價格的差異，只有在資本家永遠是資本家，工人永遠是工人，一方面是殘暴階級，另一方面是奴隸階級的條件之下，才能够存在的。……此種交換，很明白的證明，資本家與廠主，對於工人一星期的勞働，只將他們在前一星期從工人方面所得到的財富之一部份給與工人；換言之，就是有些東西，他們一點也不給他。……資本家與勞働者之間的交換才眞正是一幕喜劇，然而在事實上，於各種情形之下，卽使是合法的，也只是一個沒廉恥的盜刼而已。』(見布銳依原書，四五，四八，四九，五十頁。)

『企業家的利潤，永遠總離不了是工人的一種損失——這一直要到兩方面的交換達到了平等的時候爲止。並且只要社會有多久是分成資本家與生產者，生產者以他的勞働爲生，而資本家則靠這種勞働以自肥，那交換也就是有多久不能够平等的。……』

布銳依繼續的說道：

『很明白的，儘管你們去建設某種某種政府的形式，……儘管你們去以道德與博愛的名義說教，……然而互惠主義總是與交換的不平等不相容的。交換的不平等，既然認作是如同佔有的不平等之源泉，他就是吞噬我們之一個無形的仇敵。』（見銳依原著，五一與五二頁）

『注意於社會的目的和目標，使我們結論到：不惟一切的人都應當勞働，由勞働而達到能够交換，而並且相等的價值是應當與相等的價值交換。還有，甲的利潤既然不應當是乙的損失，所以價值就應當用生產費來决定。然而如我們所已經知道的，在現存的制度之下，富人和資本家的利益，常是工人的損失，——只要交換的不平等存在多久，則在每種政府的形式之下，這種結果也是必不可免的要存在多久，而并且貧民總是全完乞憐於富人多久；——交換的平等，只有在承認勞働普遍化的社會制度之下才能够保證的；……交換的平等，他使財富漸漸地由現在資本家的手裏移轉到工人階級的手裏來。』（見布銳依原著，五四與五五頁）

只要這種交換不平等的制度施行多久，即使廢除政府一切的賦稅，一切的租稅，那嗎，生產者也就有多久是貧困，無知，過度的勞働，與現在所處的情形一樣。……因此，只有完全地來改變制度，採取交換與勞働的平等，才能够改良這種狀況，并給人們保證權利之真正的平等。爲得達到這些，生產者只有去努力……他們本身的安全之達到，只有他們自己去努力；……能努力，他們的枷鎖才可以永久的解除；……政治的平等，看作是一個目的，固然是種錯誤，就是把他當作是一個手段，也是一種錯誤。』

『有了交換的平等，則這一個人的利益，就不能够是那一個人的損失；這因爲一切的交換，不過是勞働與財富之簡單的轉移，所以也就不要有任何的犧牲了。因此，立足在一個交換平等的社會制度之下，生產者用他的節損方法，還可以達到富有的地步；不過他的富有，從此就只是他自己勞働的蓄積之產物而已。他可以把他的財富來與別人交換，或是把他的財富送給別人；不過在他一旦停止了勞働以後，他要保存他的富有於一個較長的時期，那就是不可能的了。因爲在交換的平等之下，財富就不能够如現在樣，有他自己再生產和更新的能力：他也塡補不起來由消費所生出來的虧空。因爲財富，除了由勞働而再生產之外，他一旦消耗完了，也就永久喪失掉了。就是我們現在所稱爲利潤與利息，這些東西在平等交換的制度之下，也是不再能够存在的。在這種制度之下，生產者與分配者可以得到同等的報償，並且是生產者與分配者之勞働的總數，他做了決定一切製造物和送到消費者手中的價値。……』

『因此，交換中之平等的原則，由其本身的性質，就應當歸引到普遍的勞働。』(見布鋭依原書，七六，八八，八九，九二與一〇九頁)

在否决一般經濟學者對於共產主義反對的議論以後，布銳依還這樣說：

『若果爲實現共有的社會制度於一個完善的形式，而人類性質的變化是一個必不可少的事呢；同樣（從英文原句——譯者），若果現存的制度既沒具有機會與便利可以達到人類性質的這種改變，也沒具有機會與便利使人類達到他們所願望之高尚上的完善的狀態呢；那嗎，很顯然的，事物是怎麼樣的一個狀態，他也就必然的還保存於一個怎麼樣的狀態，——……這除非是一種社會的準備階段已經發現了並且應用了，——如介在現有制度與未來的制度（共產制度）中間的一種運動，——一種急迫之過渡的期間，在這個過渡的期間，社會帶着一切的缺陷與愚狂，接着就離棄這些缺陷愚狂而達到豐富的性情與特質，這些豐富的性情與特質，就是共產制度之生存的條件。』（見布銳依原著，一三六頁）

『全部的運動，只要求協作之最簡單的形式，……生產的費用，在一切的情況之下，都決定生產品的價值，並且同等的價值，也總是與同等的價值交換。譬比甲乙兩人，甲工作一星期，乙工作半星期，甲得到乙的報酬之一倍；然而這種剩餘的報償，並不是損乙以補甲：乙所受的損失，無論如何，也總不會落在甲的身上。每個人都是以他個人所得的工資來交換與他工資同等價值的物品；並且，無論在任何情況中，由這一個人或是這一個交易（從英本——譯者）所得到的利益，也總對不會是另一個人或是另一個交易的損失。只有各個人的勞働，才是他的利益與損失之惟一的尺度……

『由中央與地方商務局Boards of trade的手段，就可以決定由消費所需要之各種不同的物品之數量和每個物品與其他諸物品(在各種勞働部門所使用之工人數目)比較之相對的價值，總之，凡屬於社會分配與生產之一切事務。此類行動，他行之於一國是若何容易，是若何需要很少的時間，而在現制度之下，行之於於一個特別的社會，也是一樣；……個人結合而成家族，家族結合而成「公盟」，如現存的制度之下一樣，……如現存之鄉村的與城市的人口之分配，不問他壞到若何，都沒有直接的革除他。在此種社會中，每人仍然在那裏繼續的享樂他現在所願意蓄集多少的自由，並且使用這種蓄積之自由。……我們的社會，據這麼樣講起來，就是由那些無量數最小的股份公司所組成的一個大股份公司，這些最小的股份公司裏面的人，大家勞働，生產並且站在十分平等的地位上交換他們的生產物，……我們這種由股份公司所組成的一個新制度，爲達到共產主義，他對於現存的社會，只是一種讓步，由這種方法而建設，好像是允許生產品私有制度，與生產力公有制度同一時並存；——使每個人都依賴於他自己的勤力，而同時允許個人對於由藝術與自然所貢獻一切的利益，得到一個均平的部份。從這個地方，我們的新的股份公司，是適用於現存的社會，而並且爲現存的社會預備後來改變的途徑。』(見布銳依原書，一五八，一六〇，一六二，一六八，一九四，一九九)

我們也只有幾句話來回答布鏡依先生，他，不管我們怎麼樣，已取蒲魯東先生而代之，除此以外，布鏡伊先生不惟談不到要斷定人類的命運，而他只提出他所認爲適合於現存社會與公有制度之間之一個過渡時期的諸方法。

皮葉一點鐘的勞働，交換保羅一點鐘的勞働。這就是布鏡依先生之根本的定理。

我們假設皮葉有十二點鐘的勞働，而保羅只有六點鐘的勞働：那嗎，皮葉之與保羅的一個交換，只能夠以六點鐘來交換六點鐘。皮葉於是就有了六點鐘的剩餘勞働了。他把這六點鐘的剩餘勞働做什麼呢？

或者他不把這六點鐘做什麼，換言之，他就是白白的勞働了六點鐘，或者他再休息六點鐘以求其均等，再不然，這就是他的最後的手段，他也不得不這樣做，他把這六點鐘的勞働，到市場去給與保羅。

那嗎，究竟皮葉得着保羅的什麼呢？得着了勞働的時間嗎？不是的。他只得着遊暇的時間：他是逼迫得要做六點鐘的遊閑人。並且，爲得使這種新的遊暇權利在新社會裏不惟是値價，而並且還是被重視的，那就要這個新的社會在懶惰中也有他最大的幸福，並且還要勞働之壓迫這個新社會如同一個枷鎖，無論是怎麼樣，這個新社會必須解除他。再則，仍就前面所舉的例子而言。假定皮葉對於保羅所多得到的遊暇時間是一個眞正的利益罷！但是不然。保羅在開始只工作六點鐘，他用一個經常的而且合於規律的勞働，竟達到與皮葉僅在開始時期用一個過度的勞働所得到的結果一樣了。每個人都願意做保羅，於是就有了爲爭奪保羅的地位之競爭，懶惰的競爭了。

這是事實呵！相等的勞働量之交換，給予了我們什麼東西呢？他給予了過剩的生產，賤價，過度勞働所繼起的失業，總之，即如我們所見在現社會所組成的經濟諸關係，不過少了一個勞働的競爭而已。

但是不然，我們錯了。這裏還有一個方法，他可以救濟新社會，可以救濟皮葉們和保羅們的社會。皮葉他將一個人獨享存留於他那六點鐘的剩餘勞働的生產品。不過一旦他不是以交換而獲得生產品時，那他也就不要以交換而生產；於是凡假設建築在一個以交換與分工爲基礎的社會，就不能成立了。我們爲的是要救全交換的平等，然而交換却停止其存在：保羅與皮葉却就要回復到魯濱遜的狀態了。

因此，若果我們假定社會全體的人們都是直接的勞働者，那嗎，勞働時間之均等的分量之交換，只有在預先協定那必須使用物質生產的時間數目的條件之下，才有可能。然而這種協定却是否定了個人的交換。

如果我們不是把創造的生產品之分配做出發點，而是把生產的行爲做出發點，那嗎，我們還是要得到一個同一的結論的。在大工業中，皮葉本人也不能夠自由的來規定他自己的勞働時間的。因爲皮葉的勞働，若果沒有組成工廠之一切的皮葉和一切的保羅與他協力合作，那也就是一點什麼都不值了。這就很是以說明美國商人們對於十小時勞働法案之强頑的反抗之理。因爲英國的商人們很明白，對於婦女與兒童之兩點鐘的勞働之減少，就必然的要引起對於成年人的勞働時間之減少。勞働時間之於一般人都是平等的，這是在大工業裏面的性質。若果你斷絕勞働與資本的關係，那嗎，今天資本與勞働者相互間的競爭之結果，到明天就是建立在由生產力的總和到現存的需要之總和關係上之一個協定的事實。

不過像這樣一個協定，就是個人的交換之死刑宣告，我們於此，又回到我們最初的結果來了。

在原則上，自然沒有生產品的交換，所有的只是協助生產之勞働的交換。生產品的交換方法是依據於生產力的交換方法上。總之，生產品的交換形式，是與生產的形式相適應的。改變了生產，生產的形式其終結也就是要改變的。並且，我們看看，在社會史中，生產品的交換方法，是由於產生生產品的方法而决定的。個人的交換，是與一定的一個生產方法相適應，而這個一定的生產方法，他本身又是與階級的對抗相適應。

然而忠厚的良知，却不承認這種明顯的事實。只要一個人是資本家，他在這種階級對抗的關係中，除了看出一個和諧的關係和永久正義的關係，並看不出其他的關係來；這種永久的道義，是不許任何人願意做損人利己的勾擋。在資本家看起來，個人的交換，是沒有階級的對抗都可以存在的。階級之與個人的交換，他以為是兩件絕對分離的事情。個人的交換，如同資本家之所想像的，他是絕對不同於實際應用的個人的交換。

布銳依先生把資本家那種忠厚幻想，作為他所要實現的理想。於矯正個人的交換，去脫其中所發現之敵對的要素，他就以為所以找出一個「平等的」關係來，置之於社會以內。

布銳依先生沒有看見，他所要應用到社會中之此種平等的關係，此種矯正的理想，他本身還不過是現社會的一種反映；因此，要想在這種不過是社會基礎之一個裝飾的陰影上而來改造社會，却是全部的不可能。只要這種陰影一旦再成為形體，大家就可以看出這種形體，不惟談不到是夢想的變形，乃是社會之現存的形體。（註一）

（註一）布銳依先生的理論，也與任何其他的理論一樣，有了他的信徒，然而這些信徒們却是明顯的錯誤。在倫敦，在什斐爾德 Shefgiela ，在利茲 Leeas 以及在其他許多的英國都市中，都建設了「均等的勞働交易所」Equit.ble-labour-oxebange-bozars。這些交易所，於搜括了很大的資本以後，却又全然的成了犯罪的倒產。人民對於這種交易所，却是永久失掉了趣味，蒲魯東先生却要知道呢！

第三節　價值的均衡法則之應用

a. 貨幣

金與銀是價值達到他的構成之第一種商品。

所以金與銀是爲蒲魯東先生的「構成價值」……之最初的應用。蒲魯東先生既把生產品中所確定之勞働比較量以決定生產品的價值來構成生產品的價值，所以他所要做的惟一的一件事，就是證明，在金與銀的價值中所發生的變動，總是爲產生金銀所必要的勞働時間之變動而說明的。

蒲魯東先生不從商品上着想金銀。他不稱金銀爲商品，只稱金銀爲貨幣。

若果有所謂論理，那嗎，一切的論理，都是存在於爲那用勞働時間評價的一切商品的利益，去濳竊金銀所以作爲貨幣用的特性。然而在這種濳竊之中，所具的直率性，確然是比惡念要多些的。

一種有用的生產品，既然由他的生產所必要的勞働時間來估價，他總是可以拿來交換的。蒲魯東先生說：達到我所希望的「交換可能性」的條件之金與銀，就是一種證據。所以金與銀，——就是達到了構成狀態的價值。就是蒲魯東先生的思想之組合。他所最快樂的，就是在他的例証之選擇。金與銀，除開他們是一種商品的性質，是與其他的商品一樣，可以用勞働時間來値價的性質以外，他還有一種普遍交換的媒介之性質，即貨幣的性質。現在若果把金與銀當作是爲勞働時間所「構成的價値」之一個應用，那嗎，也就沒有什麽東西，比證明爲勞働時間所構成的價値之一切的商品，即可以交換的商品，即貨幣，再容易的了。

在蒲魯東先生的腦中，迴旋着一個最簡單的問題。就是：爲什麽金與銀有做「構成價値」之模範的特權呢？

『習慣所賦予做交易媒介物之特別的機能，是純粹契約的機能。至於其他一切的商品，或者沒有如是方便，但是還是同樣正當的形式的，他也可以充這樣的職役：一些經濟學者們都承認他，並選舉出了一些例子來。那嗎，一般的要採取貴金屬來做貨幣的理由究竟在那裏呢。並且在政治經濟學中無類似的，貨幣機能之特殊性，又如何解釋呢？……既然如此，那嗎，再建立貨幣好像是從此分離之系列，由此達到說明貨幣之眞正的原理是不是可能呢？』

用這類語句來提出問題時，蒲魯東先生就已經假定了貨幣。他所應當要提出的第一個問題，就祗要問，如在現在構成的交換之中，爲什麽應當創設一個交易的特別機關，把交換價値來個體化呢？貨幣，他並不是一個事物，他是一個社會關係。爲什麽貨幣的關係，如同其他的經濟關係，例如分工等等的關係一樣，是一個生產的關係呢？若果蒲魯東先生是充分的攷慮了這種關係，那他或不至於把貨幣看作是個例外，看作是個未知的，或是待攷求的一個系別裏面分離出來的一份子。

不，相反，他或許還應當承認，此種關係是一個連環，既是一個連環，就與其他諸關係的連環親密的連結；而此種關係之與一定的生產方式相適應，恰恰如個人的交換一樣。然而他，蒲魯東究竟怎麼樣做呢？他開初就把貨幣從現在的生產方式總體中割裂出來，以後又把貨幣當作一種想像的列系，當作是一種待攷究的列系之第一個份子。

只要是一度承認了有一個交換的特別的媒介物之必要，換言之，只要是一度承認了有貨幣之必要時，那嗎，問題就只在解釋，為什麼這種特殊的機能是特別屬之於金銀而不屬於其他的商品了。這個地方，是一個次要的問題，他是不能用生產諸關係的聯繫來解釋，只能用那種附隸在金銀的本體中如同一種物質之特殊性質來解釋的。據這麼樣講，若果經濟學者們，在此種情形之下，『都離開科學的範圍，他們都去研究物理學，機械學，歷史學等，』如同蒲魯東先生之所責難他們的，那他們所做的，也是他們所應當做的，問題就不在政治經濟學的範圍以內了。

蒲魯東先生說：『經濟學者們沒有那一個看見了或是懂得了的，就是利用貴重金屬的便

利而決定貴重金屬所享有的特權之經濟的理由

沒有一個人所已經看見了或是懂得了的經濟理由，蒲魯東先生卻是已經看見了，懂得了，並且遺傳於後代了。

然而，還有為任何人所沒注意的，就是：從一切的商品而言，金與銀是價值達到構成之第一種商品，在族長的家族制度時代，金與銀還是相互買賣，還是一錠錠的相互交換；然而當時都已經有一個很明顯的走到統治的，和較優越的趨向，以後封建諸侯們漸漸地佔有金和銀，並且在金銀上面刻上自己的印章：從封建諸侯們這種蓋章儀式，就生出貨幣來了，換言之，就生出最優美的商品來了。這種商品，他不管一切商業上的動搖，總能夠保持一個一定的適應的價值，並且使一切的付款都接受他。……我再說一遍吧，金與銀的特點，就是由於他們有金屬本質的關係，由於他們的產生是較困難的關係，尤其是由於公共的權力之干涉的關係而來的，所以他們在很早就以商品的資格，取得了純一性和確實性。

要說在一切的商品中，金與銀是價值達到構成之第一種商品，那就是說金與銀是達到貨幣狀態的第一種商品；這就是蒲魯東先生之偉大的啓示，這就是在他以前任何人所沒有發現過的真理。

若果蒲魯東先生對於這些話的意思是要說：金銀是商品，這類商品的產生時期，是比其

— 62 —

他的商品之產生時期被認識較早的話呢，那還是他的假設中之一個假設。急於要賜給於讀者之前。若果我們願意注意於這種淵博的家長家族制度時代的事呢，那我們就可以告訴蒲魯東先生：爲生產最必要的物品如鐵等等之必要的時間，是首先爲人所認識的。我們將以亞丹斯密斯之古代的事來饒恕蒲魯東先生。

但是，根據這些所舉的一切，一種價值既然從沒有單獨的構成，那嗎蒲魯東先生怎麼樣還可以講一種價值的構成呢？價值之構成，不是由單獨生產價值所必要的時間而構成的，而是由於在同一的時間內所能生產之其他一切生產品的分量之關係所構成的，因此，金與銀的價值之構成，是假定其他一羣生產品之已有的構成爲前提。

所以，並不是商品在金銀中達到了「構成價值」的狀態，乃是蒲魯東先生的「構成價值」在金銀中達到了貨幣的狀態。

我們現在且進一步的來考查經濟的理由。據蒲魯東先生的意見，這些經濟的理由，經過價值之構成狀態，他使金與銀是比其他一切生產品更能早造成貨幣的。

這些經濟的理由，是已經存在於「家長家族制度時代」之「顯著的優先地位」和同樣的現象之另外的敍述之中。此類敍述是增展困難的，因爲此類敍述一經蒲魯東先生用來解釋事物而複雜了事物之後，更使現象複雜起來。蒲魯東先生還有窮盡一切所謂經濟的理由。且看下面一種至高無上不可抵禦的力量：

『是出封建諸侯王之神聖的儀式而產生出貨幣來：封建諸侯王佔有了金銀，而蓋上他們的印章於其上。』

據這樣講，依蒲魯東先生看起來，封建諸侯王的專斷，就是經濟學上之最高無上的理由了！

眞的，要想不知道從古以來都是封建君主服從於經濟的條件，並絕不是封建君主製訂經濟的定律，那除非是缺乏全部歷史的知識差不多。所謂公法與私法，不過只是公佈和記述經濟諸關係的權力而已。

封建君主眞的是佔有了金銀，爲得要把金銀做交易之普遍的媒介物，而銘刊印章於其上？或者竟是這些交易之普遍的媒介物，於強迫君主銘刊他的印章於其上，並且給他們一個政治的神聖儀式時，反佔有了君主呢？

人們在過去和現在之給予印章於銀錢之上，並不是給予價值的標記，乃是給予重量之標記。蒲魯東先生所講的固定性和確實性，只能適用於貨幣的品位，而這種品位，就是表示在一塊已鑄成的貨幣中，有多少金屬物質存在。福祿德爾 Voltaire 說，也是大家所曉得是通常洽當的意義之說：『一個銀馬克 Marc 之內在的惟一價值，就是銀馬克，就是：八「昂士」

Once 重量的銀子。只有重量和品位，構成這種內在的價値。』(見 Voltaire著：法律的體系)

但是這個問題：如一昂士的金與銀究竟價値多少的問題，依然是存在的。假設「大可爾培」(Grand Colbert 羊毛織物店掛着一個物品商標，說是「純粹羊毛」，這種商標還沒有向你講到羊毛的價値。而對於羊毛要値多少錢的問題總還是存在的。蒲魯東先生說：『法蘭西王斐立勃第一 Philippe Ier ，把沙爾曼宜(Charlemagne 時代的「都爾諾瓦金幣」Livre tour-nois 參加了三分之一的混合物進去，他以爲只有他一個人有製造貨幣的利權；他之能獨造貨幣，也與一切的商人之能有製造一種生產品的專利權一樣。對於斐立勃和他的繼承人紛起責難之貨幣的改鑄，其結果究竟若何呢！如果認爲需要與供給是價値的尺度呢，那我們就可以或因生產一種人爲的稀罕物，或因壟斷生產機關而提高評價，由提高評價以高漲事物的價値；又如果認爲所講的這些對於金銀也同對於麥子，酒，油，草烟一樣，都是眞實的；這種推論，從商業習慣的觀點上講起來是很正確的，然而就經濟科學的觀點上講起來則是錯誤的。雖然，而斐立勃的欺騙之被人疑議，還比他的貨幣之減縮他的正確的價値爲多。他以爲已經得之於他的臣民的東西，同時也就失落掉了。一切相類似的企圖都得到同等的結果。

首先，他曾經無數次的指出，假若國王要想改鑄貨幣，其實受損失的就是他。僅僅於第一次發行，他得到這一次的利益，以後有多少次數，改鑄了的貨幣以賦稅等等的形式還給國

— 65 —

王，國王就要損到多少次數的。但是菲立勃和他的繼承者都曉得要避免這種損失，因爲，只要一旦改鑄了的貨幣流通到市面上，他們所最緊急要做的，也就沒有比命令把一切的貨幣都依照古來的標準，普遍的來改鑄一次再要緊急的了。

並且另外，假若菲立勃第一也眞正如蒲魯東先生一樣的想像，那嗎，菲立勃第一也就不會從「商業的觀點」來着想。當斐立勃第一與蒲魯東先生都以爲一切商品的價值由供給與需要的關係來決定，因爲這種惟一的理由，金子與其他商品的價值也一樣可以由我們來改變的時候，不問是斐立勃第一，是蒲魯東先生，都沒有表示商業的天才。

假若斐立勃王命令「一米得」之言麥子以後稱爲「二米得」麥子，那他就是一個騙子。那他就是欺騙了一切恃利息爲生者，欺騙了一切有一百個「米得」的麥子待收取者；這些有麥子待收取的人們，本來應當收取一百「米得」的麥子，從此只能收取五十「米得」的麥子，斐立勃就是這個少收了五十「米得」的麥子的原因了。又假定斐立勃王是一百「米得」麥子的債務者，那他也就只要償還五十「米得」的麥子就够了。然而在商業中，一百「米得」從沒有值得五十「米得」以外的。因爲改換了名稱，並沒有改換事物。麥子的分量，無論是供給的也好，是需要的也好，他不因爲改變了這個名稱就增加或是減少起來。那嗎，即使改換了名稱，供給與需要的關係還是一樣，而麥子的價格，在實際上還是不受任何改革的。當我們讀到物品之供

— 66 —

給與需要的時候，我們並不談到物品之名之供給與需要。誠如蒲魯東先生之所言，斐立勃第一並不是金銀的製造者，他是貨幣的名稱之製造者。你把你法蘭西的羊毛織物作爲亞細亞的羊毛織物，欺騙一兩個買客是可能的，只是騙術一旦暴露了，那嗎，你所謂之細亞的羊毛織物之價格，就會低落到與法蘭西的羊毛織物的價格一樣了。如果給金銀一個假的標記，斐立勃第一只在欺騙沒有暴露的時候，才能欺騙人民。如同任何商店老扳一樣，他把一種假品質的商品來欺騙他的顧主：這樣只能夠支持一時，他遲早總是要受商業的條例之嚴格的限制的。這個地方是不是蒲魯東先生所想要證明的呢？不是的。據他的意思，銀子之獲得他的價值，不是由於交易，而是由於君主。他有什麼實際的證明呢？交易比君主更有權力些。君主命令一個馬克從今以後就是兩馬克，而交易總是向你們說，這兩馬克還只值得以前的一馬克。

然而由這些所講的看來，爲勞働量所決定之價值的問題，沒有前進一步。有待於決定的，如同復到從一馬克一樣的這兩馬克，是爲生產費用所決定的呢？還是爲供給與需要的定律而決定的呢？終還是問題。

蒲魯東先生繼續的說：『同樣的還要注意，假若不改鑄貨幣，而以國王的權力把貨幣的分量增加二倍，則金與銀之交換價值，當常因爲這種均衡與平均的理由，立即低減其一半。』

假若蒲魯東先生與其他經濟學者們這種共同的意見是正確的，那也只是證明他們的供給與需要之理論的正確，絕不是証明蒲魯東先生的均衡理論之正確。因爲不管他在金銀之加倍的分量中所包含的勞働量是若何，假若需要仍然是不增加，而供給增加到了一倍時，那他的價值也就必然的要低落一半。或者是不是均衡的定律，這一次偶然地與那很不屑談的需要與供給的定律相混嗎？蒲魯東的這種正確的均衡理論，也就實在是富於彈力性了，他竟然在那裏預備着那許多的變化，配合，動搖，而可以與需要與供給的定律都有一次的相合了！

把『交易中，即使不是事實上的交易，至少也是法律上的交易中一切可承受的商品』都按照金與銀所充的職役而論列，那是誤解了這種職役了。金與銀之爲法律上所承受，因爲他是爲事實上所承受；他們之爲事實上所承受，還是因爲在生產之現存的組織中，是需要一種交換之普遍的媒介物，至於法律，他不過只承受其事實而已。

我們已經曉得，蒲魯東先生之選擇貨幣來做價值之實用到構成狀態之一例，只不過是爲着要秘密輸入他的交換可能性的理論，換言之，不過只是爲着要說明，一切爲他的生產費用所估定價值的商品，都應當達到貨幣的狀態。所有這些一切的說話都是好聽，美麗，只有一點不合，就是作爲貨幣的金銀，他恰恰就是一切商品中，所不爲他的生產費用所決定的一種獨有的商品。這些，於貨幣在流通中，竟然可以用紙來代替一事，尤其是証明眞實不錯。只要在流通的需要與貨幣的發行（無論是紙幣，金幣，白金幣，或是銅幣）之分量間有種一定的可見的比例存在，那嗎，在內存的價值（即生產費用）與貨幣之名目的價值之間之有一個比例可見，當然是不成問題的。誠然，在國際的貿易中，貨幣也與一切其他的商品一樣，是爲勞働時間而決定的。但是，也是這投入國際貿易中的金銀，他是當作生產品的交易手段，並不是當作貨幣，換言之，喪失了蒲魯東先生所認爲構成金銀的特點之「固定性與確實性」以及「君主之神聖的任命性」之特質。李嘉圖有如是的明白這種眞理，他於建設他的理論體系於價值被勞働時間所決定之後，於講了：『金與銀之與其他一切的商品一樣，只有把必需的勞働量之比例，使之生產，並到市場上去，才有價值』之後，他還說，貨幣的價值，并不是由於在他的材料中所確定的勞働時間而決定的，只是由於需要與供給的定律而決定的。『雖然紙幣沒有內存的價值，但是假若限制了他的分量，那嗎，他的可能的交換價值，就可以與同一名稱之金屬貨幣或是生硬的銀塊同其價值。用這同一的原則，換言之，就是限制貨幣的分量，則一種低等品位的貨幣，就可以如同那些貨幣他的重量與品位是爲法律所確定的，並不是由於其中所包含之純金的價值所決定的貨幣之使用有同等的價值。此所以在英國的貨幣史中，我們還可找出我們的正金從沒有依照他所改變之同一的比例而跌價。其理由就是在正金從不是按照他跌價的比例而增加的道理。

隨依對於李嘉圖這段文章之觀察如左：

『據我看來，這種例子很足以使著者相信，一切價值的基礎，不是那為製造商品所必需的勞働量，乃是由於稀罕的權衡，人們對於商品的需要。

因此，貨幣，據李嘉圖的意思，不是為勞働時間决定的一種價值，而隨依却因此，就把貨幣拿來做實例，以俾使李嘉圖相信，就是其他一切的價值，也不能被勞働時間而决定的。我可以說，至隨依所用來專被需要與供給所决定之價值的例子之貨幣，在蒲魯東先生看來，就變成了搆成價值之實用之最好的實例……就變成了勞働時間之實例。

歸結以言之，假若貨幣並不是為勞働時間所「搆成的價值」，那嗎，他與蒲魯東先生所謂正確的「均衡性」，更少有若干共通之點。金與銀常常是可以交換的東西，這因為金與銀都具有用作交換的普遍媒介物之特別機能，而絕然不是因為金與銀是存在於對財富總體之一個均衡的定量中，或者更明白的說，金與銀之常常保持均衡，因為他是一切商品中，惟一的用作貨幣，用作交換的普遍媒介物，無論他對於財富總體的關係之分量是若何。『通用的貨幣，總不會充分的豐富至於湧溢的；因為你假若減低貨幣的價值，你就是在同一的比例中增加了貨幣的分量；你假若增加了貨幣的價值，你就是在同一的比例中，減少了貨幣的分量』。（李嘉圖）

蒲魯東先生寫道：『何等混亂的政治經濟學　！』

一個共產主義者，（由蒲魯東先生的嘴裏講來）好笑地寫道：『可咀咒的黃金！』同樣的應當說：『可咀咒的麥子，可咀咒的葡萄，可咀咒的羊！因為和金與銀一樣，一切商業的價值，都是要達到他正確而嚴整的決定。』

想把羊與葡萄來達到貨幣狀態的思想，並不是一種新的思想。在法國，當路易十四時代，就有了這種思想。當此時期，因為貨幣開始表現了他的萬能，以致人們歎息於一切其他的商品之跌價。並且人們用他全部的願望，以期待一個「完全商業價值」的時期，可以達到他的正確而嚴整的決定，即可以達到一個貨幣狀態的時期。法國最古的經濟學家之一，布圭，吉爾勒倬爾Bois-Guillebert的學說中，我們已經找出下面的言論來：『在當時，因為無數的競爭者之猝然而生，商品就依然回復到他的正當的價值，貨幣就限制在自然的界限之中』。（十八世紀之財政經濟學者，德爾Daire版，第四二二頁）

我們看看，資產階級之最初的幻想，也還就是他最後的幻想。

（B），剩餘勞働

『在經濟學的著述中，看到這種荒謬的假定：假若一切物品的價格增加一倍，……彭歸一切物品之價格不是與物品均衡的，是可以由我們把一個均衡，一個關係，一個定律增加一

倍似的山』(見蒲魯東著，第一卷，八一頁)

不知道應用「均衡的法則」和「構成價值」的經濟學者們，都是陷於這種錯誤之中。

然而不幸，在蒲魯東先之同一的著作中，(見第一卷，第一一〇頁)我們就讀到了這種誤謬的假定，就是：『假若工資普遍的高漲了，一切物品的價格也是要高漲的』。並且還不只此。若果在政治經濟學的著述中找出剛才所講的文句來，同時也可以在其中找出這個文句的說明來。『若果說一切商品的價格之低落或是高漲，那總是於諸商品中除去了這個或是那個商品，這種除去了的一個商品，大概講起來總是貨幣或是勞働。』(見一八三六年倫敦出版之知識的百料詞典 Encyclopoedia metropolitana 或稱 Universal dictionary of knowledge 中塞尼約爾Senior 所著政治經濟學類)對於此種問題，亦可以參閱：(一八四四年倫敦出版之米爾J. S. mill 所著的關於政治經濟學未解決的諸問題之論文與脫克Tooke 在倫敦一八三八年所出版的價格史An history of prices)

現在我們就說到構成價值之第二個應用和唯一缺點之很少均衡性的其他均衡上面來，並且看看蒲魯東先生在此處是不是比在羊的貨幣化中要更加樂觀些。

「為一般經濟學者所共同承認的定理，就是勞働就應當留下一個剩餘來。這個命題據我看來，是一個普遍的而且絕對的眞理：這是均衡定律之歸結，我們可以看作是如同全部經濟科學的綱要。但是，我於此要請求經濟學者們的見諒，「一切勞働就應當留上一個剩餘」的原則，在他們的理論中並沒有意義，也並沒有得到任何的證明。」(蒲魯東)

為證明「一切勞働就應當留下一個剩餘」起見，蒲魯東先生就把社會人體化了。他把社會算作是個人的社會。社會，無論如何，他總不是個人的社會，因為社會有他自己的定律，他與組成社會之人的定律，是絕無共同之點的；並且社會「本體的智能」既不與人們的智能有任何共同之點，他是一種與通常意義不相同的智能。蒲魯東先生他責備經濟學者沒有瞭解這種集合體的人格。我們願把美國的一位經濟學者在下面責罵其他的經濟學者們洽洽相反的一段話，來與蒲魯東先生的話對立：他說：「取名為社會之「道德上的個體」The Moral entily，「文法上的個體」the grammatical being，他是帶着了許多屬性，此類屬性，只存在於那些以一句話而造成一件事物的人們之想像中，才有其真實的存在。……這就是在政治經濟學中所發生的許多困難和許多可惜的誤解之理』。(見可培爾 Cooper 著：政治經濟學之諸要素講義，一八二六年，哥倫比亞版)

蒲魯東先生繼續的說道：『此種剩餘勞働的原理之成為個人的，只因為他是由社會依着社會本身的定律而給與個人的利益才行。

在這個地方，蒲魯東先生簡簡單單的是不是要想說，社會的個人之生產，超過於孤立的個人之生產呢？這種從組合的個人對於非組合的個人之生產的剩餘，是不是蒲魯東先生所要想說的呢？若果是如此，那我們可以為蒲魯東先生舉出百數的經濟學者，他們之說明這種簡明的真理而並無蒲魯東先生所含有的那種神秘主義呢。例如賽得來爾先生 M. Sadler 所說的：

『協合的勞働，能够產生出個別的勞働所絕然產生不出的結果來。因此，只要人類是依數目而增加時，那嗎，協同的工業生產品，就超過於依據人類數目之增加而計算之一個簡單的總數遠甚。——……在機械的工藝中，也如同在科學的勞働中一樣，一個人在現在，可以於一天之內所做的事，要比孤立的人一生之中所做的事還要多。所謂全體是與各部份均等之數學家的公理，也再不是真理，能適用於我們的問題了。至談到勞働，這種人類生存之大柱石，我們就可以說，協同努力的生產品，是比個人的，孤立的努力之生產品多，而是為個人的孤立的努力所絕然產生不出來的。』（賽德來爾著人口定律，一八三〇年，倫敦版。）

我們且再來看看蒲魯東先生。他說：『剩餘勞働，是為「社會人」所能說明的，此種「社會人」的生活，是循着對立的定律到支配個人如同支配個體的定律，這就是他想用「事實」來証明的。

『一種經濟學的方法之發現，從不能得到與發明家所貢獻於社會之利益有相等的利益。

……大家知道，鐵道的企業他對於企業家之爲財富源泉，是比他對於國家之爲財富源泉要少得多。……用運貨車之運輸商品（到商棧）之中等的價格，是每噸和每啓羅邁當十八生丁。照這種價格計算，鐵道之普通的企業，就得不到百分之十的純利，差不多與運貨車企業所得到的純利之結果相等。我們且假定鐵道運輸之速度之與陸地運貨車之速度是四與一之比：如在社會中，時間就是價値的本身；那嗎，照價格之相等計，鐵道之對於運貨車，就有百分之四百的利益，然而此種對於社會之莫大的，實際的利益，對於運輸業者，就談不到能够實現這樣同等的比例；運輸業者在他使社會享受百分之四百的特別的利益時，而他自己還只取得百分之十的好處。現在爲使事實更容易瞭解起見，假設鐵道是取二十五個生丁的運輸費，而陸地運貨車的運輸費仍然是十八生丁，那嗎，鐵道就卽刻要失掉他全部轉運事業了。一切寄貨者，收貨者，凡百的人們，假使是必要時，都要恢復古時的馬車，壞的車子；人們將捨棄機關車頭而不用了：百分之四百的社會利益，將爲百分之三十五的損失所犧牲。此種理由是很容易瞭解的：由鐵道的速度所發生的利益，是純粹社會的利益，并且每個人所分享的這種利益，只是一個最小的比例，（我們不要忘記了，此時所講的，只是關於商品的運輸問題，）至於受損失的，是直接的，個人的落到消費者的頭上。假若社會只有一百萬人，一百萬分之四，那嗎，等於四百之社會的利益是屬之於個人。至屬於消費者之百分之三十三的損失，是

以三千三百萬之一個社會的損失為前提。』(蒲魯東)

且更來討論蒲魯東先生以原始的速度之百分之四百來說明一個四倍的速度；但是他把速度的百分比來比較利潤的百分比，然而利潤與速度這兩種關係，用百分比分開來測量，則二者之間無論如何是有不可相約的數：這是建立百分比之間之一個比例，而丟開百分比的名稱於不問了。

百分比總還是百分比，百分之一十之與百分之四百總是可約的數目；二者之相比如同一十之對於四百之比；因此，所以蒲魯東先生結論到，百分之一十的一個利潤，相當於一個四倍的速度之四十倍弱。為得救完外觀起見，他就說，為社會而言，時間就是價值。此種錯誤，是由於他把價值與勞働時間之中之一個關係沒有弄清楚而來的；他所急切去做的，從沒有把勞働時間與運輸時間混為一體要再急切些的；換言之，他是把幾個火夫，幾個列車管理人及其同事，(這些人的勞働時間，只是運輸的時間)與社會的全部，混為一體了。這是速度成了資本；並且於此種情勢之下，他就很有理由的說：『百分之四百的一個利潤，是要為百分之三十的一個損失所犧牲的。』他於在數學上建立了此種怪特的命題之後，他就以經濟學者的資格，給我們上面的說明。

假設一個社會只是一百萬人的社會，等於四百之一個社會的利益，其對於個人，就是一萬分之四了。』同意。不過此處的問題不是四百的問題、而是百分之四百的問題・並且是百分之四百的一個利益・對個人而言、則是百分之四百，不多・也不少。這無論資本是若何，其分配額總是在一個百分之四百的關係之中。但是蒲魯東先生是怎麼樣辦呢？他把百分比做資本，好像他恐怕他的錯亂還沒有充分的表現出來。充分的使人覺察，』他繼續說道：

『對於消費者之百分之三十三的一個損失、是假定以一個三千三百萬的社會損失做前題：』對於一個消費者所損失的百分之三十三，而於一百萬消費者所損失的，仍然還是一個百分之三十三。當蒲魯東先生既不知道社會的資本・且甚至於又不認識在利害關係者中之獨有的一個人的資本時，那嗎，他怎麼樣可以正確的說・在百分之三十三的損失情況中，而社會的損失會增加到三千三百萬呢？這麼樣講起來，蒲魯東先生把資本與百分比弄混和了還不够・他還要更進一步，把放到一種企業中的資本與利害關係者們的數目也都要混而爲一了。

『其實，爲使事情更容易瞭解起見，我們且假定一個有定的資本罷。』假定百分之四百的一個社會利潤，按照一百萬有關係的人來分配，有關係的每個人爲一個弗郎，那嗎，是每個人有四個弗郎的利益，而並不如蒲魯東先生之所想像的是一萬分之四。同樣，對於每個關係人之百分之三十三的一個損失，是三十三萬弗郎之一個社會的損失，而並不是三千三百萬弗郎的損失。(100：33＝1,000,000：330,000)

蒲魯東先生太注意了他那個「社會人」的學說，忘記了以百除之，因此，所以他得着三十三萬弗郎的一個損失；然而每人四個弗郎的利潤，對於社會，就是四百萬弗郎的利潤了。那嗎，社會還留有三百六十七萬弗郎的純利。此種精確的計算，就很確當的足以證明蒲魯東先生所要想証明的，恰恰與此相反；就是：社會的利益與損失，絕然不是與個人的利益與損失成反比例的。

於糾正這些簡單的純粹計算的錯誤以後，我們且來看看，假若我們承認了為蒲魯東先生對於鉄道所給予之速度與資本的關係，除脫他計算的錯誤而我們所得到的是若何的一些結果。假定四倍速度的一種運輸，費用要多四倍，那嗎，此種運輸，其所給予的利潤，並不比那四倍慢而費用又便宜四倍的運輸土車所給予的利潤要少。因此假定運貨土車取價十八生丁，而鐵道就要取價七十二生丁了。依照「數學的嚴密」計算，這就是蒲魯東先生之假定的結果，依然是除脫他的計算之錯誤。然而他却忽然的告訴我們說，假使鐵道不取七十二生丁，只取二十五生丁，那嗎，鐵道就即刻沒有貨可運了。確然的是要回到用古代的馬車，壞的車子了。只是，若果我們有一個忠告給予蒲魯東先生，那個忠告就是要請他不要忘記了，在他的「進步的組織之綱領」中，要用百分法來除。然而不幸得很！我們的忠告是很難有見聽的希望！因為蒲魯東先生是如此的醉心於他那種合於「進步的機會」之「進步的」計算，他甚至於這樣誇大的寫道：『我已經在第二章，由價值的矛盾律之解決，使人知道，一切有用的發現之利益，無論如何，他對於發明者總比他對於社會是一個不可較量的少。我關於這個證明，已經達到數學的嚴密之點！』

我們且回到「社會人」的比擬上來罷！此種比擬，沒有別的目的，只有証明下面之簡單的眞理，就是：一個新的發明，使相等的勞働量，產生更多的商品數量，來把生產品的販賣價值減低。至於發明家，競爭把他的利潤繼續的低落到生產品之一般的水平線。蒲魯東先生有沒有證明此種假定如同他所想要做的呢？沒有的。然而這還不足以禁止蒲魯東先生之不難責於一般的經濟學者們之沒有做到此種的證明。爲給予他証明不是如此起見，我們只舉出李嘉圖和羅德爾道這兩個人來；李嘉圖是用勞働時間來決定價值之經濟學派的領袖，羅德爾道是以供給與需要來決定價值之最熱烈的擁護者中之一人。這兩個人都是闡明了同樣的論旨。

李嘉圖說：『因爲不斷的增加生產的便利，所以我們也就不斷的減少從前生產的一些物品之價值，由於用這種同樣的方法，我們不惟是增加了國富，並且我們還增加了爲將來之生產的能力。……一旦用了機械的方法，或用了我們物理學的知識，我們就强迫自然的原動力製造從前人們所製造的物品。其結果，這種物品的價值就低落了。若果要費十個人的力量來推動一乘磨麥的磨子，人們發明了用風或是用水來推動麥磨，那就可以節省這十個人的的力，於是，由磨麥機所產生的麵粉，從此就按照所節省的勞力之總數的比例，而低落了，他的價值；並且社會還因爲得着這十個人的勞力所生產一切的物品而更增加其豐裕，同時，爲維持勞働生活的基金，却不因此而有些微的減少。』

維德爾道，現在臨到了他的頭上，他說：

『資本的利潤，總是從資本之補充人們應當用他的手去勞働之一部份，或是從資本之完成超越於人們之個人的能力以上的勞働之一部份以及人的本身所不能執行的勞働之一部份而來的。大概講起來，機器佔有者所得之微薄的利益，與機器所補充之勞働的價格比較，或者就生出對於這種意見之正確與否的疑問來。例如一架救火的吸水筒，在一天之內，於一個煤礦中所吸出來的水，總是爲三百人所吸取不出來的，即使這三百人是輔之以水桶；並且吸水筒還是以很少的費用代替人們很多的勞働，這是無可疑議的。凡百機器勞働的情形都是如此。用人的手所完成的勞働，用機器來代替人的手，那嗎，機器就應當用最低的價格來做這種工作。……現在假設給一個執照與執行四人工作的一架機器的發明家：一切絕對的專利權，除開工人們的勞働所發生的競爭以外，是禁止一切的競爭的；那嗎，很明白的，在專利權繼續存在的期間以內，工人們的工資，就是發明家所應當置之於生產品中之價格的尺度：換言之，就是發明家爲得要保證機器的應用起見，他就要求爲他的機器所代替之勞働的薪資還要有些微的低減。不過等到專利權的期限滿了，同一類的其他的機器就起來了，就起來與他的機器競爭了。此時因為機器的增加，於是就要按照一般的原則來規定他的價格了。使用的基金之利潤，即使是一個補充的勞働之結果，其歸結也總不是由於這種勞働的價值來規定，而是如同在其他的各種情況中一樣，是由於資本佔有者之間的競爭來規定；至於利潤的程度如何，也總是由於這種工作所供給的資本之份量，與做這種工作的需要之比例而決定的。』

總之，只要利潤一旦是比在其他的工業中更大，那就總有資本投到新的工業中來，一直要到利潤率低減到公共的水平線為止。

上面所舉那個鐵道的例子，我們曉得是很少與「社會人」的比擬相合的。然而蒲魯東先生却還要勇敢地繼續說道：『這類很明白之點，他之解釋是怎麼樣勞働應當留下給與每個生產者一種剩餘，是再容易也就沒有了。』

現在所要繼續來說的，是屬於古代的古典故事。這是一種詩體的短篇紀事。為的是在上面那種數學的証明之嚴密，使讀者發生了疲勞，現在舉出這個故事來，使讀者的疲勞得以恢復。蒲魯東先生給他所比擬的「社會人」以普羅墨德Prométhée之名，這位普羅墨德的形狀，他是用下面的一段話來表彰的：

『剛初，普羅墨德從自然的懷抱中產生出來，覺悟到為妖魔等等所充滿的一個情性中的生活。普羅墨德於是就開始工作。從他第一天起，從第二次創世的第一天起，普羅墨德的生產品，換言之，就是普羅墨德的財富，普羅墨德的幸福，是等於十。普羅墨德的勞働之第二天就是分他的工，他的生產品於是就等於百。他的勞働第三天以及嗣後的每天，他就發明機器，他就在物體中發現新的利用，在自然中發現新的力量。……他的工業每進一步，他的生產數目就增加一步，幸福的增加也就擴大一步。對於普羅墨德，既然到最後，消費就是生產，那嗎，很明白的，每天的消費，都只消費前夜的生產品，却留下了一個生產品的剩餘到明天。』

蒲魯東先生的這位普羅墨德眞是一個怪物，從經濟學上也同於從論理學上一樣，都是一樣的一個弱小無力的人物。若說這位普羅墨德只敎我們分工，應用機器，利用自然力與科學的能力，發展人們的生產力，而並且給予與孤獨的勞働之生產品一個相比的剩餘，則這位嶄新的普羅墨德，眞只有歎其不幸，出世太晚了。不過從普羅墨德開始講到生產與消費這些問題，他就眞正的成了一個怪物。據他看來，消費就是生產。他明天消費前夜的生產物，好像是這樣他就總是有預先一日的存留，這預先一日的存留，就是他的「剩餘勞働」。但是爲得次早消費前夜之所生產的東西，總要有那第一天，他沒有前夜，爲得其後有預先一日的生產物，就必定要某一天有兩日程的勞働才行。當普羅墨德在那既沒有分工，又沒有機器，甚至於除

— 82 —

了火的知識以外並沒有關於其他自然力的知識的時候，普維墨德在那第一天是怎麼樣獲的了這種剩餘呢？因此，就是同溯到「第一次創造之第一天」，問題並沒有前進一步。這樣說明事物的方法，是希臘式的，而同時是希伯來式的，他是神秘的而同時又是寓意的；他完全給蒲魯東先生以權利來說：『我用理論與事實來証明，一切的勞働都應當留下一個剩餘之原則。』

他所謂事實，就是那有名的進步的計算，所謂理論，就是那個普羅墨德的神話。蒲魯東先生繼續的說：『但是，此種與算學的命題同樣正確的原則，要為一切的人求其實現還是差得甚遠。當各個個人的勞働日，因集體工業的進步得到一個漸次擴大的生產品時，並且由於必然的結果，當勞働者以同樣的工資而達到每天漸次的富裕時，那嗎，在社會中就存在一些享受利潤和另一些日漸衰落的「諸身分」Etats來了。』

在一七七〇年，大不列顛聯合王國約有一千五百萬人口，而生產的人口有三百萬。科學的生產力，約等於一千二百萬强的人口；總計起來，在當時是有一千五百萬生產力。那嗎，在當時，生產力與人口為一與一之比，而科學的能力之與人體的能力，是四與一之比。

在一八四〇年，人口不會超過三千萬：生產的人口是六百萬，至於科學的能力就增加到了六億五千萬，即對於全部人口為二一與一之比，對於人體的能力為一〇八與一之比。

那嗎，在英國社會中，七十年以內，勞働日就獲得了百分之二千七百生產的剩餘；換言之，在一八四〇年的勞働日之與一七七〇年的勞働日。是生產了二十七倍之多。依照蒲魯東先生的意見，是應當提出這樣的問題：爲什麼一八四〇年的英國工人不比一七七〇年的英國工人富足二十七倍？若果提出了這樣一個問題時，那就必然的要假定，即使產生富財之歷史的諸條件，如資本之私人的蓄積，近代的分工，應用機械的工廠，無政府狀態的競爭，總之，凡百建立在階級敵對上之一切事情，不會存在，而英國人們也還可以生出這些財富來呢。然而爲得發展生產力與剩餘勞働，這些就確確實實的是他所必需的條件。所以，爲獲得着這種生產力的發展與這種剩餘勞働，就必定要有得利的階級與失利的階級之存在。

那嗎，蒲魯東先生把他復活了的這個普羅墨德究竟是一個什麼東西呢？就是社會，就是建築在階級敵對之上的社會諸關係。這些關係，並不是個人對於個人的關係，乃是工人對資本家，農民對地主等等的關係。你如果抹煞了這些關係，那你就是絕滅了全社會，那你的普羅墨德也就只是一個無腕無腿的怪物；這就是說沒有機械的工廠，沒有分工、總之，沒有了你曾經爲得要得到這種剩餘勞働，那最初所給與他的一切事物。

所以，如果在理論上，一如蒲魯東先生之所爲，只要從平等的意義中來解釋剩餘勞働的公式就够了，不必要注意於生產之現存的條件，那嗎，在實行上，也就應該只要把工人中現在所獲得的一切財富來作一個平均分配就够了，不必要去改變生產之現存的條件。此種分配之對於每個當事人，也就担保不了一個最大等級的福利。

然而魯蒲東先生却不如外人之所揣測的那樣悲觀。因爲均衡之於他既然就是一切，那嗎，就要在現存的普羅壘德中，換言之，就要在現存的社會中，他也能够看到他的寵愛的觀念之一個實現的端緒。

『但是財富的進步，換句話說，價値的均衡，處處都是支配的定律，並且當經濟學者們之反抗社會黨的怨訴時，公共財產之累進的增加時，以及使最貧苦的階級本身的狀態達到了改善之時，那他們就毫不懷疑地宣佈那宣告他們的理論之死刑的眞理。』

實在講起來，什麽是集體的財富，公共的財產呢？他就是資產階級的財富，並不是各個資本家的財富。那嗎，好了！經濟學者們除開證明在現存的生產關係中，資產階級的財富是怎麽樣的發展，還應當怎麽樣的擴大以外，就不會做其他的事了。至於工人階級，若果要知道他們的狀況是如何的跟着所謂公共的財富之擴大而改良，那還是一個極待討論的問題。若果經濟學者們，本着他們的樂觀主義，給我們舉出從事於棉花工業之英國工人的例子來，而他們只在商業繁盛之稀罕的時機來觀察他們的狀況。此種繁盛時期，比之於恐慌與停頓的時期，是在三對十的「正比例」中。但是經濟學者們，說到了改良的問題時，或者還願意說一說那些爲得使在英國從事於同一的工業之一百五十萬工人都能够在十年中得到三年的繁盛之東印度的數百嗷嗷待斃的工人嗎！

至談到對於公共的財富之擴大之暫時的參預問題，却是不同的。暫時參預的事實，是可以爲經濟學者們的理論而說明的。這種事實是對於經濟學者們之理論的確認，並不是如蒲魯東先生所謂的宣告死刑。這裏若果還有某些宣告死刑的事，那也就只有如我們曾經指出來的，蒲魯東先生那個卽使財富增加，也要把工人的工資減到最低限度的體系。只有在於低減工人的工資到最小的限度時，才只應用價值之正當的均衡，才只應用由勞働時間所「構成的價值」。這是因爲競爭的結果，工資就搖擺不定的在工人給養之必需的生活品之價格之上或是價格之下；工人也可以很少的參與集體財富之發展，不過他也可以因貧乏而死亡。這裏就是經濟學者們不成爲幻想的學說。

於鐵道，普羅墨德，以及建立在「構成價值」上的新社會，經過了冗長的支蔓言詞以後，蒲魯東先生深思熟慮，爲感情所索引，並且用一個家長的口吻來寫道：

『我懇求經濟學者們除去擾亂他們的偏見，莫重視他們所佔有的和所期待的位置，莫重視他們所收取的利益，所追求的選舉票，莫重視爲虛榮心所籠絡的空名，在他們那個靜默的心中，靜默一會兒，自己問問：那他們就必定要說，一直到今日，所謂勞働必定要留下一個剩餘的原則，是與我們所提及這個開端與結果的連鎖，一同在他們前面曾經表現了。

第二章　經濟學的形而上學

第一節　方法論

我們現在就完全到德意志來了！我們要談到經濟學，同時將要談到形而上學。並且在這裏也是一樣，我們也只是跟着蒲魯東先生的「矛盾」（這裏的矛盾，就是指着蒲魯東的經濟的矛盾體系而言，即是指着貧乏的哲學而言——譯者註）而來的。剛才，他逼迫得我們講英國話，逼迫得我們自己做一個過得去的英國人。現在情形改變了，蒲魯東先生把我們送回我們親愛的故鄉，不管我們願不願意，強迫我們恢復德國人的資格，

假設英國人把人變成帽子，德國人就把帽子變成觀念。英國人就是李嘉圖，就是那位有錢的銀行家，著名的經濟學家；德國人就是黑格爾Hegel，就是柏林大學的一位哲學教授。

最後的一個專制君主，並且代表法蘭西王國之沒落的路易十五，他結納了一位醫生，這位醫生本人，就是法國的第一個經濟學者。這位醫生，這位經濟學者，代表了法蘭西資產階級之迫切的並且確實的勝利。醫生格勒Le docteur quesnay把政治經濟學算作一種科學；他

在他那本有名的經濟表冊 tableau éconosnigue 中撮要的說過。除開在這本有名的經濟表冊中所已經表現的許多註解外，我還得着格勒他自己一種註解，這就是「經濟表冊之分斷」，跟着有「七種重要的注意。」』

蒲魯東先生就是第二個格勒醫生，他是經濟學上的形而上學的格勒。

然而，照黑智爾的意思，形而上學，實際上就是全部的哲學，都是歸納在方法論之中。因此，我們就要想法子來把蒲魯東先生的方法論弄明白，而蒲魯東先生的方法論，至少也是與經濟表冊一樣的難懂。是因此，所以我們就舉出差不多主要的七種注意來。假若蒲魯東博士不歡喜我們的注意，那嗎，他就去做教堂管理波多 Baudeau，將自己提出『形而上學的，經濟學的方法之解譯來。』

第一觀察

『我們絕不依照時間的次序，乃是依照觀念之連續，來製作一部歷史。經濟的範疇或是階級之在他們的表現中，時而是同時代的，時而是顛倒的。……至於經濟學的諸理論，也只有不少他們的論理的連續性與悟性中的系列：這就是我們自詡以爲要發現的次序。』(蒲魯東，第一卷，第一四六頁)

眞的，蒲魯東先生是想來嚇嚇法國人，把一些準黑智爾的詞句，置之於他們的面前。因此，我們就要來對付兩個人；首先就要來對付蒲魯東先生，其次就要來對付黑智爾。蒲魯東先生是怎樣的與其他的經濟學者們不同呢？黑智爾之在蒲魯東先生的政治經濟學中，充了一個什麼職役呢？

一般的經濟學者們把資產階級的生產關係，分工，信用，貨幣，等等，當作是一些固定的，不動的，永久的範疇來解釋。蒲魯東先生有了這些全部完整的範疇在他的面前，就想為我們來說明這些範疇，原則，定律，觀念與思想的由來和構成的動作。

一般的經濟學者們所為我們解釋的，就是是怎麼樣人們在這些有定的關係中生產，然而他們所沒有為我們解釋的，就是沒有解釋是怎麼樣這些關係他自己產生出來，換言之，就是沒有把所以發生這些關係之歷史的運動說明出來。蒲魯東先生既然把這些關係看作是如同原則，範疇，抽象的思想，所以他只把那些依照字母的次序排列在一切的政治經濟學著述的末尾的思想加以整理。經濟學者們的材料，就是人類之現實的，活動的生活；而蒲魯東先生的材料，就是經濟學者們的獨斷。但是，只要人們一旦不追求生產關係之歷史的運動時，那嗎，範疇也就只是理論的表現；只要一旦在範疇中所願意考察的只是觀念，只是自然發生的思想，和獨立於現實的諸關係，那嗎，人們就不得不把純粹理智的運動看作是這些思想所以發生的根源。然而純粹的，永久的，非人格的理智怎麼樣能夠使這些思想產生出來呢？為得產生這些思想，這種理智又是怎麼的進行呢？

若果我們之於黑智爾主義有蒲魯東先生那樣的大胆呢，那我們就可以說：理智是由他自己本身以區別自己的。這是怎麼樣講呢？非個人的理智，在他自己本身以外既然沒有他可以存立的基礎，又沒有他可以與之對立的客體，也沒有他可以相與合成的主體，他就好像是不得不顛倒起來自己存立，自己對立，自己合成，成為本位 Position ，對立Opposition，合成。用希臘語來說，就是「正」thèse，「反」antithèse，「合」synthèse。至對於那班不知道黑智爾的術語的人，我們可以告訴他們一個秘密的公式，就是：肯定 Offirmation，否定négation，否定之否定 négation de la négation 的公式。這就是上面所講的話的解釋。這確乎不是希伯來語，也並不是厭惡蒲魯東先生，乃只是從個人分離之這種如是純粹的理智之語詞。這種語詞不是以通常的個人與用通常的個人之說話和構思之通常的方式，而只是除脫了個人之這種純粹通常的一個方式而已。

一切的事物，到了最後的抽象，(因為在這裏有的只是抽象，並無分晰，)他呈現一個論理的範疇狀態，是應當驚異的嗎？譬如你一經把所有構成一座房子之個別性都逐漸除脫，一經把這座房子之所以構成的材料，與這座房子之所以為區別的形式都抽象化，其結果你所得的只有一個物體；譬比你一經把這個物體的範圍又抽象化，其結果你所得的就只有一個空間；

最後，又譬比你把這個空間的面積又來抽象化，其結果則你所有的只有那種很單純的數量，只有一個論理的範疇狀態，這也是應當驚異的嗎？照這樣把一切的主題抽象化，把一切所謂偶然的事物，無論是有生的事物或是無生的事物，是人類或是物類，我們都有理由說，到了最後的抽象，就達到了把論理的抽象看作是如同實體了。所以一班形而上學的先生們，一經實行這些抽象化，就自以爲是實行了分析，他們，一經要逐漸的脫離於對象時，就自以爲是到了深入於這些對象之點；這班形而上學的先生們，臨到了他們的頭上，也有理由來說，世界上的事物，都是些刺繡，而論理的範疇，就是形成這些刺繡的底布了。這就是基督教徒與哲學家所以區別之點。基督教徒不管什麼論理不論理，他只有一個「洛哥士」神 Logos 之唯一的肉體化；至於哲學家，他就從不因這種肉體化而完結。即使一切存的東西，一切生活於陸地上和水裏面的東西，因爲抽象化，都可以縮減到一種論理的範疇；即使用這種方法，全部現實的世界，都可以沉溺在一個抽象的世界中，都可以沉溺在論理範疇的世界中，誰又對於這種事而驚異嗎？

凡百存在的東西，凡百生活在陸地上與水裏面的東西，只是因爲某一種運動而存在，而生活。因此，歷史的運動，就生出社會的諸關係來；工業的運動，就給予我們一些工業的生產品等。

同樣，爲得抽象化，我們就把所有的事物，都變成論理的範疇；同樣，爲得要使運動達到抽象的狀態，達到純粹形式的運動、達到純粹論理式的運動的狀態，我們就只有把各種不相同的運動之顯著的性質來抽象化。若果在論理的範疇中我們找着了一切事物的實體，那我們就以爲在運動之論理的形式中也可找着絕對的方法，這種絕對的方法，他不惟解釋一切的事物，而並且包含着事物的運動。

黑智爾在下面所講的一段話，就是指着這種絕對的方法：『方法是任何客體所不能抵抗之無窮的，最高無尙的，獨一的，絕對的力量。這是在任何事物中自己認識自己之理智的趨向。』(見黑智爾著：論理學，第三卷。)凡百一切的事物，既已歸結到一個論理的範疇，一切的運動，一切生產的行爲既然都歸結到方法上來，那嗎，生產品與生產的全部，對象和運動，都是很自然的歸結到一個應用的形而上學上來。黑智爾所用以研究宗教，法律，等等的，蒲魯東先生則用來研究政治經濟學。

既是如此，那嗎，這種絕對的方法竟是什麽呢？他是運動的抽象化。什麽是運動的抽象呢？他是抽象狀態的運動。什麽是抽象狀態呢？他就是運動之純論理的公式，或者是純理智的運動。這種純理智的運動究竟是怎麽樣成立的呢？他就是由自己設定，自已對立，自己合成而成立的；其構成爲公式如正題，反題，綜合；或者還可以說，自己肯定，自己否定，自己否定其否定。

理智是怎麽樣自己成爲肯定，自己設置一定的範疇呢？這是理智本身和理智的辨護者的事情。

不過理智一旦自己達到了自己設置成爲「正題」的時候，這種問題，這種思想，自己就對立對來，分成爲兩個矛盾的思想，就是肯定與否定，是與不是的思想。包含在「反題」裏面之這兩種對立的成份之鬬爭，就構成辨證法的運動 Le mouvement dialectique。肯定既變成否定，否定既變成爲肯定，肯定既同時變成爲肯定與否定，否定既同時變成爲否定與肯定，兩種反對的東西相互均衡，仲和，相消了。這兩種矛盾的思想之融化，構成一種新的思想，這種新的思想，就是兩矛盾思想的總合。這種新的思想，又發展成爲兩種矛盾的思想，而這兩種矛盾的思想，臨到了他頭上，又構成一種新的總合。從這種創造的工作，產生出諸思想的一個羣來。這些諸思想的一個羣，依照着與一個單簡的範疇相同之辨証法的運動，而並且也有一個矛盾的思想羣做他的「反題」。從這些諸思想的兩個羣，產生出另一些思想的一個新羣，這個新的思想羣，就是總合。

從諸簡單的範疇之辨証法的運動產生出羣來，同樣，從諸羣之辨證法的運動產生出系列來，並且從諸系列之辨證法的運動產生出體系的全部來。

你若果應用這種方法於經濟學的諸範疇之上，那你就要得到經濟學的形而上學與論理學，換句話說，那你就要得到庸衆皆知而翻譯成爲很少人知的語言之經濟諸範疇；這種語言，他給予經濟諸範疇一種表現，使他新鮮的開發於一個純理智的頭腦中。而此類經濟諸範疇，好像是由於辨証法運動之惟一的工作，就可彼此相互發生、相互聯繫，並且可以這一種接合在那一種中而相互結合。讀者也不必因此種形而上學與其範疇，羣，系列，體系之全部的基礎而驚駭。蒲魯東先生即使他費了大的氣力來攀登經濟諸矛盾的體系之峯頂，然而他却從沒有超越過單純的正題與反題之最初的兩個階梯。並且他還只攀登過兩次，而在這兩次中，有一次反跌落下來了。

一直到現在，我們只說明了黑智爾的辨証法。到後面我們就可以看見蒲魯東先生是如何的完成把黑智爾的辨証法墮落到最淺薄的程度中。據黑智爾的意思，一切已經經過和尙在經過的東西，都恰恰是經過在他本身的理智之中。據這樣講起來，歷史的哲學無非是哲學的歷史，無非是哲學他本身的歷史。據這麼樣講，那也就沒有「依照時間次序的歷史」，而只有「在理智中之一些觀念的繼續」。黑智爾他相信由思想的運動搆成世界，然而他却只依照序統的去再建並且取絕對的方法去排列存在凡百人類頭腦中的思想而已。

第二觀察

經濟的諸範疇，不過只是生產之社會的諸關係之抽象化與理論的表現而已。眞正哲學家的蒲魯東，顚倒了事物，在實際的關係中，只看見此類沈睡在（也是哲學家蒲魯東先生向我們講的）「人類之非個人的理智」中之範疇和原則的肉體化。

經濟學家的蒲魯東先生很懂得，人們是在生產之一定的關係中製造棉織物，麻布，絲織物。然而他所懂不得的，就是此類一定的社會諸關係，他之爲人們的生產品，也同於麻布，亞麻等等一樣。社會諸關係，總是與生產力很親密結合的。人們一經獲得了新的生產力，就改變他們的生產方式；一經改變了生產方式，改變了他們維持生活的樣式，他們也就改變了他們全部的社會關係。用手推的磨子產生了封建領主的社會，用蒸汽機的磨子，產生了產業資本主義的社會。

依照人們所以建立之物質的生產之社會諸關係之同一的人們，也是依照他們的社會諸關係而產生原則，觀念，範疇。

所以，此類觀念，此類範疇，也是與他們（指觀念．範疇——譯者）所以表現的諸關係一樣，其存在都不甚永久的。他們都是過渡的和歷史的產物。

在生產力中有一個繼續增大的運動存在，在社會諸關係中有一個繼續破壞的運動存在，在諸觀念中有一個繼續形成的運動存在；所謂固定不動的東西，只是運動的抽象化——不死

之死 Mors immortolis

第三觀察

全社會的生產關係，構成一個總體。蒲魯東先生把經濟關係看作如同是有多少社會階段，他們是彼此相互發生，這一個是由於那一個的結果，也正同於反題之於正題一樣，並且在他們之論理的連續中實現人類之非個人的理智。

在此種方法中所存在惟一的困難，就是當接近考察這些階段之惟一的一個階段時，蒲魯東先生若果沒有得到一社會之其他全部的關係之救助，此種其他全部的關係，就是爲他的辨證法運動所還不能產生出來的關係，那他就不能夠說明這個階段了。其次，當蒲魯東先生由純粹理智的方法而談到產生其他的諸階段時，他把這些階段看作是如同一些新生的孩子，他却忘記了這些諸階段之與那第一個惟一的階段都是同時期的。

因此，爲達到據他看來算是全部經濟進化的基礎之價值的構成，他就不能夠去脫分工，競爭等等了。然而在蒲魯東先生的理智中，序列中，在論理的連續中，此類關係都仍然是不存在的。

一面用經濟的諸範疇建立一個觀念的體系之構造，而同時又分解社會的體系之各份子。人們把一社會之各種不同的份子都改變成爲屬於多少各別的社會，這類各別的社會，都是一個隨着一個來的。其實，運動，連續，時間之論理的惟一公式又是怎麼樣能夠說明社會的實體呢？又是怎麼樣能夠說明其中一切的關係都是同時並存，並且還是這些相依於那些以並存的一個實體呢？

第四觀察

現在我們來看：蒲魯東先生把黑智爾的辨証法應用到政治經濟學上受了怎麼樣的改變。

在蒲魯東先生看起來，凡百經濟的範疇都有兩方面，一方面是好，一方面是壞。他之觀察經濟範疇，如同小資產階級之觀察歷史上的偉大人物一樣：拿破崙是一個偉大人物，他做了許多的好事，而他也做了許多的壞事。在蒲魯東先生看來，好的方面與壞的方面，利與害合攏起來，就構成在每個經濟範疇中的矛盾。

要解決的問題，就是要：保存好的方面，除脫壞的方面。

奴隸制度也同於其他的一種制度，也是一種經濟的範疇。所以，奴隸制度也是一樣，他也有的兩方面。我們且丟開奴隸制度之壞的方面，專來說說他的好的方面：自然，我們所說的只限於直接的奴隸制度，如在蘇立蘭Surinam，在巴西Brazil，在北美洲之南部各地方的奴隸制度。

直接的奴隸制度也同於信用，機器等等一樣，都是資產階級工業的樞紐。沒有奴隸制度，就沒有近代的工業。是奴隸制度他給予了殖民地的價值，是殖民地他創造了國際的貿易，而國際的貿易，他就是大工業的條件。所以，奴隸制度就是最重要的一種經濟範疇。

如果沒有奴隸制度，那個最進步的國家北亞美利加，就會變成爲一個族長制度的國家了。塗抹了世界地圖上的北亞美利加，那嗎，就會引起近代文化與商業之全部衰落和全部無政府的狀態。消滅了奴隸制度，那你就是消滅了人類地圖上的亞美利加。

並且，因爲奴隸制度是一種經濟的範疇，所以他曾經總是存在於諸民族的制度中。近代的諸民族只是把奴隸制度改裝應用在他們的國內，而他們却不改裝的應用到新大陸了。

爲得救全奴隸制度起見，蒲魯東先生是想要怎麼樣呢？他是提出問題來：保存這種經濟範疇之好的方面，去脫他的壞的方面。

黑智爾沒有問題要提出來，他所有的只有辨證法。而蒲魯東先生還只有黑智爾的辨證法之語詞。蒲魯東先生自己的辨証法的運動、只是好與壞之獨斷的分辨運動而已。

我們且暫時把蒲魯東先生自己當作是一個範疇來看看。我們且來考查考查他的好的方面和壞的方面，考查考查他的長處和他的短處。

若果他之提出問題來，提出要解决爲人類最大的幸福之問題來是比黑智爾好，那嗎，當他要由辨證法的創造工作以產生一種新的範疇時，走到一個無結論的地位、就是他的壞處。

— 98 —

所以搆成辨証法運動的東西，就是矛盾之兩方面的並存，這兩方面的鬪爭和這兩方面的融和，搆成一種新的範疇。只要你一提出除脫壞的方面這個問題來，那嗎，辨証法的運動就立即斬斷。這并不是範疇因他本身之矛盾性質自己設置，自己與自己對立，乃是蒲魯東先生在這個範疇的兩方面之間自己憤怒，焦燥，自己奔馳罷喲。

旣然陷入於一條絕路之中，是很難以合法的手段來逃出這種絕路，蒲魯東先生就實行一個眞正的跳躍，一個惟一的跳躍就變到一個新的範疇中去了。在理解中的序列，於是就展開到他那驚異的眼前。

他隨便找一個首先見着的範疇，於是就獨斷獨行的給與所要清理的範疇之一個救濟弊病的特質。因此，若果我們要是相信蒲魯東先生所講的，那嗎，租稅就是所以救濟獨佔的弊病；交易的平衡就是所以救濟租稅的弊病；地主就是所以救濟信用的弊病了。

一經照這樣一個一個的繼續地去把握經濟諸範疇，並且一經把這個經濟範疇算作是那個經濟範疇的解毒劑，蒲魯東先生就達到把這矛盾的混合與對於矛盾的解毒劑做成兩本矛盾的書（指貧之的哲學——譯者）取一個很洽當的名詞，叫做：經濟諸矛盾的體系 Les systimes des Contradictoius économiques

第五觀察

『在絕對的理智之中，一切這些觀念……都是相等的單純和普遍……而在事實上，我們只有用我們的觀念之一種基架，才能夠達到科學的地步。但是，眞理的本身是與辨証法的類形獨立的，並且也是逃出於我們精神的諸組合之外。』(蒲魯東原著，第二卷，第九七頁)

你看，這裏忽然的由我們現在所知道的秘密之一種轉變，政治經濟學的形而上學又變成爲一種幻想了！蒲魯東先生從沒有講過眞實的話。的確，辨証法運動的方策一旦縮減到只是好與壞的對立之一個單純的方策時，只是爲除去壞處而設置問題時，只是爲給予一個範疇做其他的另一個範疇之反題時，那嗎，諸範疇就再沒有自發性；觀念「也就不再起作用」；觀念的內部也就再沒有生命；觀念也就再不設置，再不分解爲範疇了。諸範疇的連續性，就變成爲一種基架，辨証法也就不再是絕對的理智之運動。也就再沒有所謂辨証法，他所有的至多也不過是極純粹的道德而已。

當蒲魯東先生說到理解中的序列時，說到諸範疇之論理的連續時，他就明確的宣言，他不願意按照時間的順序而論列歷史，換言之，依照蒲魯東先生的意見，在歷史的連續中，諸範疇是自己表現的。據這樣，那嗎，照蒲魯東先生看來，一切都是經行於理智之純以太 ether 之中。一切都應當是由辨証法的方法，從以太中發展出來的。現在是要來討論把這種辨証法置之於實用的問題，理智就缺少了實用性。蒲魯東先生的辨証法，却是違反了黑智爾的辨証法的規約，所以蒲魯東先生以至於說他所指的經濟諸範疇中的順序，早已不是經濟諸範疇彼此相互發生中的順序。經濟的進化早已不是理智本身的進化了。

蒲魯東先生所給予我們的是什麼呢？是現實的歷史嗎？換言之，依照蒲魯東先生的理解，是在時間的順序中，諸範疇所依以表示的連續嗎？不是的。是如同在觀念本身中所經過的歷史嗎？更不是的。那嗎，既不是諸範疇之世俗的歷史，又不是諸範疇之神聖的歷史！畢竟蒲魯東先生給予了我們什麼歷史呢？他所給矛我們的，只是他自己那些矛盾的歷史。我們且來看看他自己那些矛盾是如何的進行·並且是如何的牽扯着蒲魯東先生跟着他進行。

在說到所引起那個重要的第六觀察之這種考査以前·我們還有一個重要的觀察要來陳述。

我們姑且承認蒲魯東先生，說現實的歷史，依照時間順序的歷史，就是歷史的繼續性；是在這個歷史的繼續性中，觀念，範疇，原則都自己表現出來。

各原則都曾經有他所以表現的世紀：例如，強權原則表現於十一世紀，個人主義的原則表現於十八世紀。所以，曾經是世紀屬於原則，並非是原則屬於世紀。換句話說，曾經是原則造成歷史，並不是歷史造成原則。其次，爲得救全原則就是歷史起見，我們自己就要考慮，爲什麼某種原則寧可表現在十一世紀或是表現在十八世紀·而不表現在其他的某世紀，那我們就不得不仔細攷察十一世紀的人是怎麽樣，十八世紀的人是怎麽樣，他們各自的需要是怎麽樣，他們的生產力，他們的生產方式，他們的生產原料是怎麽樣，最後，由這些生存的條件所發生之人與人的關係是怎麽樣。如果深刻的攷察了這些問題，豈不是創作了在各世紀中人們之世俗的，現實的歷史，並且把這些人們都描寫得如同是他們自己的悲劇之著作者與表演者嗎？但是，只要你一旦把這些人們都描寫得如同是他們自己的悲劇之著作者與表演者時，那嗎，轉一個身，你就可以達到一個眞實的出發點，因爲你既然放棄了你最初所講的原則呢？

然而蒲魯東先生仍然沒有充分的走上空想家爲達到歷史的大道所取的捷徑呢。

第六觀察

我們且和蒲魯東先生來走走這條捷徑。

我們也很願意那些被認爲不動的定律，永存的原則，觀念的範疇之經濟關係，是先於行爲的，活動的人們而存在的，我們並且還更願意此種定律，原則，範疇，從古以來就沉睡在人類之非人格的理智之中」。我們曾經知道，由於這些不變而且不動的永久性，也就沒有歷史之可言的。卽或有，至多也就不過是在觀念中的歷史，換言之，就是在純理智的辨証法運動中所反映的歷史。蒲魯東先生當他說在辨證法的運動中，觀念自身是沒有區別時，他已然就取消了運動的陰影和陰影的運動；假若用這運動的陰影和陰影的運動，人們至多也還可以創造歷史的幻想。他却不這樣做，反歸咎於歷史本能之無能，他歸咎於一切，一直歸咎到法蘭西語言。哲學家的蒲魯東先生說：『如果說某件事猝然發生，某件事產生，那是不恰當的，在文化中，也同於在宇宙中一樣，從古以來，一切皆存在，一切皆行動。整個的社會經濟也是如此。』（見蒲魯東原著：第二卷，第一〇二頁）

這就是發生作用，並且使蒲魯東先生發生作用之矛盾的生產力。他使蒲魯東先生在想解釋歷史時，就不得不否認歷史，在想解釋社會諸關係之更續發生時，他就否認某些事物可以發生，在想解釋生產與其一切階段時，他就否認某些事物可以自己產生出來。

這樣，照蒲魯東先生看來，就是沒有歷史，沒有觀念的繼續，然而他的書也總是存在的；而他的書，依照他原來的表示，就正是依照觀念的繼續之歷史。那嗎，怎麼樣能夠找着一種公式（因為蒲魯東先生是講公式的人）他可以幫助他一躍而越過他全部的矛盾呢？

因此，他就發明了一種新的理智，既非純潔，純粹，而又絕對的理智，又非在各種不同的時期中積極而且活動的人們之共同的理智，他是另外一種理智，是人類的主體的理智，「社會人」的理智；他在蒲魯東先生的筆下，描寫得好像是社會的天才genie social，是普遍的理智，並且最後好像是人類的理智。此種具有許多名稱的理智，在每時每刻都使人認識他如同是蒲魯東先生之個人的理智和蒲魯東先生之好的方面，壞的方面，他的解毒劑和他的一些問題的理智。

『人類的理智不創造眞理』，眞理是隱藏在永久的絕對的理智之深奧之中。人類的理智只能够揭破眞理。不過一直到如今，人類的理智所能揭破的眞理是不完全的，不充分的，因此也是矛盾的。既是如此，經濟的諸範疇，他本身既然爲人類的理智，社會的天才所發現所顯露的眞理，所以也就是一樣的不完全的，不充分的，包含了矛盾的根因。在蒲魯東先生以前，社會的天才，只看見對抗的兩種要素，沒有看見綜合的公式，其實這兩種東西都是同時隱藏在絕對的理智之中的。經濟的諸關係，在地球上既然只實現這些不充分的眞理，這些不完全的範疇，這些矛盾的概念；所以經濟的諸關係在他本身是矛盾的，他本身是表現兩方面，即好的方面與壞的方面。

找出完全的眞理來，找出在全部豐富中的概念來，找出絕滅經濟之綜合的公式來，這就是社會的天才問題了。這也就可以看出，爲什麼在蒲魯東先生的幻想中，同樣的社會天才，從一個範疇擴張到其他的一個範疇，都還不能够以諸範疇的戰爭，把從上帝，從絕對的理智抽拔出來而成爲一種總合的公式之理由了。

『開初，社會（社會的天才）設置一個首先的事實，發出一個假定……一個眞正的矛盾律

antinomie；而矛盾之對立的結果之展開在社會經濟之中，其形態也同於諸結果之在人類的精神中所能演繹的一樣；以致工業的運動，依照觀念之一切的演繹，就分成爲兩方面的潮流，一方面是有用的結果之潮流，另一方面就是破壞的結果之潮流。爲得和合一致的來建立這種具有雙方面孔的原則，來解決這種矛盾律，社會就使之發生第二個原則，由第二個原則，而第三個原則就很快的隨之而起，這就是社會的天才之進行的結果，一直要進行到全部的矛盾都淨除以後，——我假設人類的矛盾有一種止境，不過這種假設是沒有証明的——才一躍卽回轉到他從前之一切的地位，並且在一個唯一的公式之中，解決他一切的問題。』（蒲魯東原著，第一卷，一三五頁）

如同以前一樣，反題變成爲解毒劑，現在呢，正題也變成了假設。此種名詞的變換，出之於蒲魯東先生，是絕不能使我們驚異的。人類的理智，既然只有不完全的觀察，至少也不過是純潔的理智，所以在每一步都遇着有新的問題要待解決。在絕對的理智中，爲人類的理智所發現每個新的正題，他是最初那個正題之否定，對於理智就成爲一種總合；而理智也就很眞誠的接受當作所成爲問題之一個解決。因此，所以這種理智就沉淪於日新不已的諸矛盾中，一直要到矛盾的極端時，理智才感覺到一切他的正題和總合，不過只是諸矛盾的假設而已。在他的荆棘萬重時，『人類的理智，社會的天才，一躍就回到他從前之一切的基礎之上，並且在一個唯一的公式中，解決所有的問題。』我們附帶的說一句，此種唯一的公式，搆成蒲魯東先生之眞正的發現。這就是搆成價値。

我們只有爲着某一個目的才有假設。由蒲魯東先生的嘴裏所講的社會的天才，他首先所提出來的目的就是爲得只要有好的部份，就除脫在每個經濟範疇中之壞的部份。然而蒲魯東先生所謂之好的，至善的，眞正實行的目的，就是平等。但是爲什麼社會的天才與其提出不平等，博愛，天主教主義，或其他的原則來，而寧可提出平等來呢？因爲人類之繼續實現許多特別的假定，其目的只爲得實現一種最高的假定，這種最高的假定，就恰恰的是平等。換言之，因爲平等是蒲魯東先生的理想。他以爲分工，信用，工廠，凡百經濟關係，都只是爲着平等的利益而發明的。然而這些東西，其結果都是來反對平等的。只要歷史與蒲魯東先生的假定步步都是自相矛盾，其最後的結果就是矛盾。如果所有的是矛盾，那嗎，矛盾只存在於他的固定的思想與現實的運動之間。

從此，經濟關係之好的一方面，就是承認平等者；經濟關係之壞的一方面，就是否認平等與承認不平等者。一切新的範疇，就是社會的天才之一種假設，爲得去脫由以前的假定所生出來的不平等。總括起來說，平等是社會的天才旋轉在經濟諸矛盾的範圍中，不斷地表現於眼前之原始的企圖，神秘的傾向，天命的目的。並且天命 Providenre是一個火車頭，他之能拖動蒲魯東先生一切經濟學上的担子，更比蒲魯東先生用那純粹而輕率的理智拖動得要好些。他把一全章都歸之於天命，這一全章，就繼續在稅則的一章之後。(見第一卷，第八章全章——譯者註)

天命，天命的目的，這就是現今人們用以說明歷史的進行之大題目。其實在事實上，這種話並毫不能解釋問題，他至多也不過是一種浮誇的形式，他至多也不過是與其他的方式一樣，是一種解釋現象的方式。

在蘇格蘭，地主由英國工業的發展，得到一種新的價值，這是事實。這種工業，爲羊毛開闢了新的銷路；爲得要生產大批的羊毛，必定就要把耕地變成牧場；爲得要完成這種變更，必定就要集中地產；爲得要集中地產，必定要廢除小耕作地，驅逐千百萬佃戶離開他們的故鄉，而把那些牧養千百萬頭羊的牧者以代之。因此，由於這樣繼續不斷的變更，地主之在蘇格蘭，曾經所得的結果，就爲羊而驅逐了人。現在你若是說，在蘇格蘭，地主制度之天命的目的曾經是爲羊而驅逐了人，那嗎，你就是創作了上帝的歷史了。

固然，平等的傾向，是屬之於我們現世紀的。現在若果說，過去生產方法與需要完全不相同的諸世紀是按照天命從事於平等之實現，那首先就是以現世紀的人與方法來代替前世紀的與人方法，且不認識歷史的運動，由於這種歷史的運動，繼起的諸世代接受前一世代所獲得的結果。經濟學者都很曉得，同是一樣的東西，對於這一個人算是製造的材料，而對於另一個人則只可以算得是新的生產之一種原料。

如同蒲魯東先生所做的一樣，你且假定社會的天才產生了或者還寧可說是一氣呵成了封建諸侯，其天命的目的，是在把佃戶變成負責任的與平等的勞働者，那你就是代替了這種天命的目的與人物，此種天命，他在蘇格蘭創造了土地私有制度，更施行一種很壞的玩意，使人們被羊驅逐了。

但是蒲魯東先生既然對於天命如是的有興趣，我們就請他去看斐倫來夫，伯爾石蒙 Villeneuve-Bargement 的政治經濟學史，這位先生也是一樣，他也是追求於一個天命的目的的人。不過此種目的並不是平等，乃是天主教。

第七觀察與最後的觀察

經濟學者們都有一種奇怪的方法來行動。據他們看起來，只有兩種制度：就是人爲的制度與自然的制度。封建制度是人爲的制度，而資產階級 Bourgeoisio 制度是自然的制度。在這一點他們好像那班建立兩種宗教的神學家。凡百不屬於他們的宗教，都是人們的一種創造物，至於他們自己的宗教，才是上帝的啟示。既說現存的關係——資產階級生產的關係——是自然的，經濟學者如是就以爲這裏就是關係，是在這些關係之中，財富才只創造，而依照自然定律的生產力才只發展。因此，此種關係他本身就是獨立於時間影響之外的自然定律。就是這種永存的定律，應當總是支配社會的。據這樣講來，是曾經有過歷史，而到現在却不再有歷史了。既然曾經有封建制度，並且在封建制度之中又發現了與經濟學者們所想認爲自然而且永存之資產階級社會完全不相同的生產關係，所以曾經有歷史。

封建制度也一樣有他的「普羅當太里亞」——農奴。農奴包含了資產階級之一切的萌芽。封建的生產也一樣有兩種敵對的要素，大家也一樣是拿封建之好的方面與壞的方面之名詞來稱呼他，不問他的結果總是壞的方面勝過好的方面，總是壞的方面生出運動來，是運動構成鬪爭創造歷史。若果，在封建的統治時期，經濟學者們，爲騎士的德行，爲權利與義務間之好的和諧，爲城市的族長生活，爲鄉村家庭手工業之繁榮狀況，爲同業組合Corporation，職工組合Jurandes，行東組織之工業的發展，最後，爲封建制度所以構成之一切好的方面所興奮，發表一個問題，說是要盡除在這幅畫圖上之一切的黑暗方面如農奴隸度，特權制度，無政府狀態，其結果究竟若何呢？其結果就是要絕滅構成鬪爭之一切的要素，並且要殺滅資本主義發展於他的胎胚之中。這就可以說是提出絕滅歷史之一個誤謬的問題來了。

當資產階級佔了勝利的時候，則封建制度之好與壞的方面都再不成問題了。被資產階級在封建制度之下所發展的生產力，現在就爲資產階級自己所取得了。凡屬舊有的經濟方式，適合於這種經濟方式之民事的關係，爲舊有的民事社會公共表示之政治狀態，都一齊被破壞了。

因此，爲得正確的判斷封建的生產起見，就要把他當作是建立在對抗之上之一種生產方法來考查。必定要指明出來財富之在這種對抗中是怎麼樣的產生，階級的對抗與生產力是怎麼樣同時發展，是怎麼樣諸階級中的一階級，即壞的方面，即社會的弊害方面，總是擴大，一直擴大到這個階級的解放之物質的條件達到了成熟之點爲止。

這是不是很够的說明生產方法與生產力所發展的關係，絕不是永存不變的定律，而是適合於人們及其生產力之一定的發展，並且只要在人們的生產力中發生了一個變化，就不得不然的要引起在人們的生產關係中一個變化來呢？既然要緊的是在不使缺少文明的結果，不使缺少已獲得的生產力，所以就必定要破壞產生這種生產力中之傳統的形式。從此以後，革命的階級就成爲保守的階級了。

資產階級一起首就伴着一個無產階級，而這個無產階級本身，就是封建時代的無產階級之一個殘餘。資產階級在他的歷史發展過程當中，必然地展開他的對抗性質。他在當初，差不多是有點隱蔽性，只存在於一種潛伏的性質。等到資產階級發展時，在他的胎裏就發展了一種一個新的無產階級，產生了一個近代的無產階級：在無產階級與資產階級之間，發展了一種

—— 110 ——

鬬爭，這種鬬爭，在爲兩方面所感覺，認識，估量，瞭解，承認並且公然的宣佈以前，只有預先爲暫時的，部份的衝突所表現，爲破壞的事實所表現。在另一方面，若果近代資產階級中一切的成員之有一個相同的利害關係是如同他們對着另一個階級而組成一個階級呢，那嗎，他們之有共同相反的利害關係與敵對的關係，也是如同他們彼此是處於對立的地位一樣。此種利害關係之對立，是從他們資產階級的生活之經濟條件所發生出來的。一天一天的過去，資產階級之所以變動的生產關係，就不是一種單一的性質，一種單純的性質，而是一種複雜的性質：在同一的生產關係中，富財產生出來，而貧乏也就產生出來；在同一的生產關係中，有了生產力的發展，也就有一種壓制的生產力之發展；而此種生產關係，只有在不斷的絕滅這個階級中之全部的成員，並且產生日益長成的一個無產階級，而資產階級的財富才能產生出來。

所以，敵對的性質愈加顯明，經濟學者們，資本主義生產之科學的代表者們就愈與他們原有的理論衝突，而各種不同的學派也就愈益形成。

現在有些宿命論的經濟學者們，他們，在他們的理論中之漠然於他們所謂之資產階級生產之弊病，也同於資產階級者自身在實際中之漠然於替他們取得財富之那班無產階級的痛苦一樣。在這個宿命論的學派，有古典派與浪漫派。古典派如亞丹斯密，李嘉圖，他們代表一個資產階級；這個資產階級，既還與封建社會的殘餘鬬爭，而同時只從事於廓清封建社會的經濟關係，增加生產力，給予工商業以一種新的動機。無產階級參加此種鬬爭，專心於這種狂熱的努力，自然只有一時的，偶然的痛苦，而他們自已也把這些痛苦只看作是一時的，偶然的。經濟學者們如亞丹斯密和李嘉圖，都是這一時代的歷史家，他們除開指明是如何把在資產階級的生產關係中獲得富財，是如何地規定這些關係成爲定律，成爲範疇，並且指明這些定律，這些範疇，對於財富的生產，是如何地優於封建社會的定律與範疇之外，沒有其他的使命。在他們看起來：貧乏，他之在自然中，也與他之在經濟中一樣，只是伴着人們出世的一種痛苦。

至於浪漫派，是屬之於我們現時代。我們的現時代，就是資產階級與無產階級直接對立的時代，也就是貧乏與財富產生到同樣擴大的時代，一班經濟學者們都裝作朽敗的宿命論者，從他們那個崇高的地位上，傲然藐視這些製造財富的機械人們。他們抄襲他們的前輩所闡發的議論，並成爲不置可否；而他們前輩之質實素朴，在他們則變成濃裝艷態了。

其次就說到人道派。他們極關心於現時生產關係之壞的方面。他們爲得盡心，極力想方法來掩飾現實的反抗。他們也很忠實的痛惜普羅雷太里亞的貧困與資產階級者們相互間之無情的競爭；他們忠告勞働者們要節省些，要好好的做工，要少生些小孩：他們勸告資本家，在生產中要加以深思熟慮的熱心。總之，人道派經濟學者之一切的理論，都是建築在理論與實際，原則與結果，觀念與應用，內容與形式，本質與現實，權利與事實，好的方面與壞的方面之間之一個無盡窮的區別上面。

至於**慈善派**，乃是改進的人道派。他們否認對抗的必然性，他們想把一切的人都變成資本家；他們以爲理論與實際是有區別的，理論幷不包含對抗性，他們就想來實現這種理論。這自然無須說，在理論中，容易把實際上所時常遇見的矛盾來抽象化；而此種理論也就會變成觀念化的實際了。所以慈善家們想保存那些說明資產階級關係的範疇，而去脫掉構成資產階級的關係以及與資產階級不能分離的關係之敵對現象。他們妄想嚴重的攻擊資產階級的實行，然而他們却更比別人要資產階級化些。

同樣**經濟學者們**是資產階級之科學的代表者，同樣，**社會主義者與共產主義者**是無產階級的理論家。當普羅雷太里亞還沒有十分發展而構成階級時，因之普羅雷太里亞與資產階級的鬬爭還有一種政治鬬爭的性質時，幷且生產力還沒有在資產階級本身的懷抱中充分地發展，可以使我預見普羅雷太里亞的解放與一個新的社會之形成之物質的條件時，那嗎，此類理論家，不過只是爲保護被剝削階級之需要計，傖促定成體系，追求一種再生的科學之一些空想家而已。但是一旦歷史前進，而跟着歷史前進之普羅雷太里亞的鬬爭愈益明顯時，那他們也再用不着要在他們的腦子裏面來要求科學，只要注意於在他們的眼前所經過的事項，把他弄成爲機體就夠了。當他們尋求科學而只造作體系的時候，當他們處於鬪爭開始的時候，他們就只從貧乏之中來觀察貧乏，在貧乏中并看不見推翻舊社會之破壞的，革命的方面。從此時起，由歷史的運動所產生的科學，並與歷史的運動結合成爲充分的知識的原因之科學，就終止其說教性，而成爲革命的科學了。

我們再來說到蒲魯東先生。

每個關係都有一個好的方面與壞的方面，這是蒲魯東先生惟一的不能抗辯之點。好的方面，他看出是爲經濟學者們所發揮盡致的；壞的方面，他看出是爲社會主義者所宣佈了的。他從經濟學者們那邊借証了永存關係之必然性，他從社會主義者那邊又剽竊了只從貧乏中見着貧乏之幻想。他同意於這兩方面的人們，而想從中取得科學的權威。依他，科學就減縮到一種科學公式之浮薄的配合。是因此，所以蒲魯東先生就自詡其能批評經濟學又批評共產主義，其實他是在經濟學與社會主義者之下。他之在經濟學者之下，因爲他是一個哲學者，他手上拿着一個魘術的公式，他就以爲用不着去研究純經濟學中之詳細事實。他之在社會主義者之下，因爲他既沒有充分的勇氣，又沒有充分的眼光超越於，甚至於只是在純粹理論上超越於資產階級的水平線以上。

他想成爲總合，其實他是一個總合的誤謬。

他想以科學家的資格駕凌於資本家和普羅雷太里亞之上，而其實他只是不斷的搖擺於勞働與資本，經濟學與共產主義之間之一個小資產階級而已。

第二節　分工與機器

依照蒲魯東先生的意見，分工開闢了經濟進化的系列：

分工之好的方面——『從他的本質上來考查，分工乃是依照以實現智能與地位之平等的方法』（第一卷，九三頁）

分工之壞的方面——『分工之於我們，是變成一種貧乏的工具』（第一卷，第九九頁）

文字上的異同——勞働按照與他本身相合的定律而並且照他繁榮之第一條件的定律而區分，結果至於否定他的目的，而自己崩潰。』（見第一卷，第九四頁）

解決的問題——找出『消滅分工弊病的再組成，而保留他的有用的結果。』（見第一卷，第九七頁）

據蒲魯東先生的意見，分工是一種永久的定律，是一種抽象的，簡單的範疇；所以就必定要有抽象，觀念這樣的語詞，十足以使他解釋支歷史各種不同的時期之分工。如族籍 Castes，同業組合，工廠手工業制度，大工業制度，都必定要爲這個惟一的「分」字所說明的。首先你且仔細的去研究這個「分」字的義意，並不必去研究各時期所給予分工一個一定的性質之多數的影響。

自然，若果把事物都縮減到蒲魯東先生的範疇，那却是把事物弄單簡了。歷史並不是範疇的進行。在德國，爲得建立最初的大規模分工，使農村與城市分離，必須經過三個全世紀。只要城市對於鄉村這種惟一的關係一旦改變了，社會就全部的改變。只要注意於分工之這一方面，你就可以看看古代的共和國或基督教的封建制度；古代的英吉利有他的「爵祿」Barons，近代的英吉利有他的棉業大王 Cotton-lords 。在十四與十五世紀，其時還沒有殖民地，美洲還沒有爲歐洲而存在，亞洲只是爲君士坦丁保之間隔而存在，地中海還是商業活動的中心，當時的分工就是另一個形態，就是與十七世紀西班牙人，葡萄牙人，英吉利人，法蘭西人都有了殖民他散布於地球各處將完全不相同的一種狀態。市場的面積與他的形態，給予在各種不相同的時代之分工一種形態，一種性質，是很難縮減到只用「分」的這一個字，只用觀念，範疇這個名詞的。

蒲魯東先生說：『從亞丹斯密以來，一切的經濟學者都指明出來了分工定律的利弊。不過多數人却以爲是利多於弊，因爲利多於弊，更適用於他們的樂觀主義，並且其中沒有一個人自己問問，一個定律的弊病是如何能够存在，……是怎麼樣同一的原則嚴整地繼續在他的結論中，可以歸結到洽洽相反的結果呢？無論是在亞丹斯密以前或是從亞丹斯密時起，都沒有一個經濟學者覺察了在這個地方有一個問題要待解決。隨依一直到了承認在分工中，一個同樣的原因，他產生好處，也可以產生壞處。』

亞丹斯密比蒲魯東先生所想的更遠。他很看到了『實際上，在個人之間天賦的才能之差異，要比我們料想他的差異還小。此種如是不同的稟賦，好像就是區分了人民之各種不同的職業，然而人們一到了成年，而此種不同的稟賦，却並不是分工的原因，也不是他的結果。』在原則上，一個挑夫與一個哲學家之無甚區別，也同於一條守門犬之與一條獵犬之無什區別一樣。是分工使二者之間生出一個深淵來。然而這些一切，却不能禁止蒲魯東先生在另一個地方說，亞丹斯密並不懷疑分工所產生的弊病。並且也還是他說，隨依是第一個承認『在分工中，同樣的原因，他產生好處，也產生壞處。』

我們且來聽聽勒門泰 Lemontey 在他的 Suum Cuique 上面所講的話：

『隨依先生使我很榮耀，在他那本有名的政治經濟學專書上面，採用了我對於分工之道德的影響這一段落中所發表的原理。帶一點開玩笑態度之我那本書名，自然是不允許他來引用我的名字的。我也只有歸之於這種原因，一個著述的內容很豐富的著作家，對於這樣一個不重要的剽竊之緘默不言，才解釋得下去。』（見勒門泰全集，第一卷，二四五頁，一八四〇年，巴黎版）。

讓我們這樣的來判斷他：勒門泰很靈敏地說明了在我們今日所建立的分工的之壞的結果。蒲魯東先生於勒門泰之說明並沒有加添什麼東西。不過因爲蒲魯東先生的錯誤，我們既然一旦牽涉到在誰當居先的問題，就再簡略的說，在勒門泰很久以前，在亞丹斯密十七年以前，丹密斯密的先生福開森 Fergu Son，他在專門討論分工問題的一章書中，就已經很明白的講明了。他說：

『一個國家之一般的能力，其擴大是否是按照技藝的進步之比例，尚屬疑問。當技藝是全部地缺乏了理智與感情的幫助時，多數機械的技藝——是完全成功了；並且無知是工業之母，也同如是迷信之母一樣。反省與想像都易於引入迷途：不過手或足的動作之習慣，是既不與反省有關又不與想像有關的。因此，我們可以說，關於工廠的問題，其完善在乎他之能脫離於精神，其情況在於不使用腦力而工廠可以看作是由人們合成的一架機器，……譬如將官之於戰術可以是很熟練，至於士兵的功績，就只限於執行手或足的某些運動，一方面之所得，就是另一方面之所失。在一切事物都是分離的時期中，思想的技術，自己可以形成一種獨立的職業。』（見福爾森著：市民社會史論，巴黎，一七八三年版）

爲終止文獻上之涉獵起見，我們正式的否認：『一切經濟學者們，堅持分工的利益說，比堅持分工的弊病說要多些。』這只要舉出西士氏蒙來做例就够了。

因此，關於分工之利益問題，蒲魯東先生除了多少虛飾地解釋一般人所知道的那些一般的文句以外，什麼其他的事都沒做。

我們現在且來看看，他是怎麼樣把看作如同一般的定律，把看作範疇，看作思想的分工中抽出他所依附的一些弊病來。而關於勞働之不平等的分配之此種範疇，此種定律，其破壞蒲魯東先生之平等主義的體系又是怎麼樣呢？

『當此分工之神聖的時代，他的浪潮開始激動了於人類。進步之於一般人，並沒有成功一個平等的劃一的狀態。……他開始不過只爲着一小部份人佔領了一些特權……只是由於進步方面之人們的私意，他使人相信，在條件中之這種自然的和天命的不平等，且產生出族籍來，而構成有等差的全社會。』（見蒲魯東，第一卷，第九十七頁）

分工產生出族籍來了。但是族籍既是分工的弊病，所以是分工他產生出弊病來。若果我們更進一步，並且問問，是什麼東西他使分工生出族籍來，生出不平等的制度與特權來呢？蒲魯東先生就告訴你，說是進步生出來的；又問：是什麼東西生出進步來呢？蒲魯東先生答應你說是限制。限制之於蒲魯東先生，就是進步方面之人們的私意。

在哲學之後的，就是歷史。這却再不是叙述的歷史，也不是辨証法的歷史，而是比較的歷史。蒲魯東先生把現在的印刷工人與中古時代的印刷工人，把克魯梭 Creusot 的工人與鄉村的鐵跡，把現代的文學家與中古時代的文學家來比較，而用那差不多為中世紀所創造或傳授的分工方面的人們的天秤。他把這一種歷史時代的分工與別一個歷史時代的分工對立。這個地方，蒲魯東先生是不是曾經有所証明呢？不是的。他本應當為我們指明出當作範疇的分工與一般的分工之弊病來。既然在後面我們就可以看見蒲魯東先生之公開的自己取消他所謂之這種發展，那又何必固執於蒲魯東先生大著中之這一部份呢？

蒲魯東先生繼續說道：『分別的勞働之第一的結果，於精神的變性之後，就是按照所消耗的智能數量之反比例，而增長勞働時間的延長；……但是勞働時間所延長的限度，每天既然不能超過十六到十八小時，一旦報酬不能依照時間以為報酬的時候，那嗎，他就是依照價格以為報酬，而薪資於是乎就低減。……不過所最確切而又特別為我們所應注意的，就是普遍的意識，都不把工頭與學徒的勞働置之於一個同樣的價值之上；因此，對於勞働日的價格，就必然的要減少：其結果，勞働者既在精神上為一種墮落的工作所苦痛，而在肉體上也不能不因爲報酬的微末而受打擊。』

我們現在就說到康德 Kant 所稱爲似是而非的三段論法之邏輯的價值上面來了。

大意是這樣：

分工他使工人陷入於一種墮落的職任；於此種墮落的職任引起了一種衰朽的精神；於一種衰朽的精神，引起了工資之日益擴大的縮減。蒲魯東先生爲得証明此種工資的縮減是適應於衰朽的精神起見，依着他自己的良知，却說道，這是普遍的意識所要求如此。那嗎，蒲魯東先生自己的精神是不是也算在普的遍意識以內呢？

照蒲魯東先生看起來，機器是「分工之邏輯的反題。」并且根據辯証法，他開始就想把機器變成爲工廠。

蒲魯東先生於既假定近代工廠，從分工中產生出貧乏來之後，他就假定爲分工所生出來的貧乏，爲歸到工廠並且爲能够把工廠看作是此種貧乏之辯証法的否定之表現。既由於墮落的職任而使勞働者精神上受打擊，又由工資的減少而使勞働者肉體上受打擊；既把工人歸到工頭之附屬的地位，又把工人的勞働再降到學徒的工作；爲得使工人墮落，『給工人一個廠主』，他就再歸罪於工廠與機器。並且他使勞働者「由職工的地位降到粗工的地位」而完成他的墮落。幾好的辨證法喲！并且他是不是還堅持着這種理論呢？不是的。他是要有一個分工之新的歷史，這種新的歷史，再不是生出矛盾來，而只是爲着依他的形狀建立起工廠來。爲得達到這種目的，他就要忘記他剛才對於分工所講的一切。

勞働是依照勞働所安置的器具之不同而有組織與分斷之不同。用手推的磨子所安置的分工就與用機器的磨子所安置的分工不同。因此，要想從一般的分工來開始，然後再歸到特別的工具——機器上去，那就正是與歷史相反的。

機器之不是一種經濟的範疇，也同於拖犂的牛之不是一種經濟的範疇一樣。機器不是別的東西，只是一種生產力。建築在應用機器上面之近代的工廠，是一種生產之社會關係，是一種經濟的範疇。

現在我們且來看看，在蒲魯東先生之絕特的想像中，這些問題是如何的解決。

『在社會中，機器之不斷的出現，是勞働的反題，是反對的公式：就是工業的天才對於殺人的和分散的勞働之反抗。其實，什麼是機器呢？機器就是結合由分工所分散之勞働的各種部份之一種手段。凡百一切的機器，都可以被稱爲是多數動作的一個總和。……所以，由於機器，就有勞働者的復興。……建立在經濟學上與分工相矛盾的機器，他是表現在人類精神中與分析對立的總合……分工只使勞働之各部份分離，而使每人從事於他所最合意的專門工作：工廠就按照各部份對於全體的關係來集合工人；……他於勞働中採取強權的原則；……但是還不僅僅如此：機器或是工廠，於給勞働者一個主人，使勞働者墮落之後，更把他由手工業者的地位降到粗工的地位而完成其墮落；……此時我們所經過的時代，就是機器時代，他有一種特徵可以區別，就是工錢制度。工錢制度是發生於分工與交換之後的。

對於蒲魯東先生所講的，還有一個簡單的觀察。勞働之各種不同的部份之分離，而使每人都依照他的智能之所最歡喜的以從事，這種分離，蒲魯東先生以為從地球開闢以來就是存在的，而其實只存在於自由競爭制度之下之近代工業社會中。

其次，蒲魯東先生為得証明工廠是如何地從分工中產生出來，工錢制度又是如何地從工廠中產生出來，他為我們造成一部『饒有興趣的』『系譜』。

第一，他假設一個人，這個人他『注意到，一經按照各種不同的部份而分配生產，並且實行把個別的工人去工作，』那嗎，就可以增大生產力。

第二，這位瞭解了此種思想線索的人，一經組成一種為適合於他自己所企圖之特殊對象的勞働者之永久的集團時，就自己想到他可以獲得一種更豐富的，更有規則的生產——……。

第三，這個人向別的人們提出一個建議，想使別的人瞭解他的思想和他的思想的線索。

第四，這個人，在工業的開始，就以相互平等來待遇後來變成為他的工人之他的伙伴。

第五，『其實，由於廠主之利益的地位與工錢勞働者之附屬的地位，此種原始的平等之很迅速的消滅，也是很明顯的。』

這上面又是蒲魯東先生之敍述的與歷史的方法之一個標本。

我們現在且從經濟的與歷史的方面，來考查考查，看看工廠或是機器之輸入「強權的原則」到分工以後的社會中的話是不是眞的；一方面使工人恢復權利，另一方則又使工人服從強權的話是不是眞的；機器是分開的勞働之再組合，是與分權（即分工——譯者）對立之勞働的總合之說是不是眞的。

整個的社會之與一個工廠內部有共同之點，因爲整個的社會也就有他的分工。若果我們把在近代一個工廠中的分工來做模範，要把他來適用到一個全社會中，那嗎，生產財富而組織最好的社會，就應當無疑的是只有惟一的一個企業家做首領，按照一個先決的條例而給予工作與社會各種不同類的成員的社會了。然而事實却完全不是如此。在近代的工廠中，當分工是爲企業家的權力所精密規定時，而近代的社會，爲得分配勞働，除了自由競爭之外，也就沒有什麼其他的規則與其他的權力了。

在族長的家族制度之下，在族籍制度之下，在封建制度和在同業組合制度之下，全部的社會中，曾經有按照固定的規則之分工。此類固定的規則，是不是爲一個立法家所制定的呢？不是的。他是原始的由物質生產的條件所產生出來，他之制訂成爲法律，不過只在以後很久。是因此，所以此類分工之各種形式，就變成爲社會組織之各種基礎。至談到在工廠中的分工，在這類各種形式的社會中曾經是很少發展的。

並且我們還可以制定成爲普遍的原則，就是：在社會中，權力支配分工愈少時，則在工廠中，分工就愈益發展，並且也就愈服從於一個人的權力。由此看來，據分工的關係講，在工廠中的權力與在社會中的權力，是彼此相互成反比例的。

現在還要來看看什麼是工廠，在工廠中，工作都是很分散的，每個工人的職務都限於一種很單純的工作。在工廠中，權力與資本他組織並指揮一切勞働。工廠究竟是怎麼樣產生的呢？爲得要來解答這個問題，我們就要來考查考查，看所謂眞正的工場手工業是如何發展的。我所謂之工場手工業，那還不是近代的工業，與機器的工業，不過他已經不是中世紀的手工業，又不是家庭工業了。我們不必來詳細說明：我們只舉出他幾個重要之點，好使人知道，不能夠把公式來造作歷史。

爲構成工場手工業之一個最緊要的條件，就是由美洲的發現與美洲的貴金屬之輸入所促進之資本的蓄積。

這很足以証明，交換手段之增加，一方面有使工資與地租低減的結果，另一方面有工業的利潤之增加。換句話說，地主階級與工人階級，封建貴族與平民階級，即「布爾石蛙西」一

Bosrgeaois 階級就興起得到什麼程度。

在當時曾經還有其他的機會，協同的促進工場手工業發展的，就是：自從貿易由好望角航路貫通到東印度以來，流通的商品之增加，殖民制度，海洋貿易之發展等等。

還有在工場手工業歷史中，未經人充分認識之點，就是封建侯王之多數侍從中的流散者，這些多數人員，在未進工廠以前，都已經變成了流浪無依者。工廠的創造，是由於先有十五六世紀差不多普遍的流浪人。工廠還在廣大的農民中，找得了一個有力的支柱；而這些農民，因為耕地變成了牧場，並且因為耕種土地之農業工作所必需的勞働力日益減少，在這數世紀的全部，都不斷地被驅逐出了鄉村，而潮湧到城市裏來了。

市場的擴大，資本的蓄積，在各階級之社會地位中所發生的變化，廣大的羣衆都覺得沒有了他們的收入來源，這都是形成工場手工業之歷史的諸條件。這並不是如蒲魯東先生所講的，是由於平等者之協商的條件，他把人們集合到工廠裏去了。也還不是在舊的同業組合懷胎中，工場手工業才產生出來。變成近代工廠的主人是商人，並不是同業組合的舊行東。在工場手工業與職業之間，曾經差不多到處都發生激烈的鬬爭。

勞動者與工具之集中和蓄積，是先行於在工廠中分工的發展。手工製造廠之存在於勞働者較多的集合地，之存在於職業者較多的所在，以及之存在於受一個資本家統治的場所，比之在工作的分離和用一個特殊技能的工人來做一個很單純的事務地方要多些的。

一個工廠的用處，其存在於眞正的分工中，是比存在於分工中之大規範的勞働與節省無益的費用之處要少。一直到了十六世紀之末和十七世紀之初，荷蘭的手工製造廠才只剛剛勉强知道分工。

分工的發展，是以集合多數的工人到一個工廠裏面做前提的。無論是在十六世紀或是在十七世紀，絕沒有這樣一個獨一的例子，就是同一職業之各種不同的部門，都曾經詳細的劃分，分到了只要把這些部門集合在一個惟一的地方，就可以達到有一個完整的工廠那一點。不過人們與工具一旦結合起來，則存在於同業組合的形式之下的那種分工，就必然地要再生，要反映到工廠內部了。

蒲魯東先生把事情看反了。若果照他那樣的看法，那嗎，亞丹斯密所講的分工的意義是先行於工廠，則工廠纔是分工所存在之必需的一個條件了。

眞正的所謂機器，纔始於十八世紀之末。把機器看作是分工的反題，看作是統一那分離的勞働之總合，那是再錯誤也沒有的。

機器乃是勞働的工具之一種結合，絕然不是爲工人本身之勞働的結合。『由於分工的關係，當每個特別的工作都減少到只要用一個很簡單的器具時，則由一個單獨的動力而使這些一切器具的結合行動，就構成一種機器。』（巴巴支 Babbage 機器經濟學研究，巴黎，一八三三年版。）一些單簡的用具，用具的蓄積，配合而成的用具，由一個單獨的人力所使動之一個配合而成的用具，由一些自然力所使動之這些器具，機器；具有一個單獨的動力的機器體系；具有一種代替原動力之機器的體系；——這就是機器的階梯。

生產與分工的工具之集中，他彼此之不能相離，也恰如在政治制度中，公共權力之集中與私人利益之區分之不能相離是一樣的。英國，由於土地之集中，——此種農業勞働之集中，他有農業上的分工，同樣也就有適用於土地耕種的機器。法國，他有器具的區分，有小農制度，而普遍的講來，既沒有農業上的分工，也沒有應用機器到土地上。

在蒲魯東先生看起來，勞働的工具之集中，是分工的否定。然而在實際上，我們所知道的還是相反。只要一旦器具的集中發展了，分工也就是要發展的，分工發展了，器具的集中也就是要發展的。此所以機器上的一切偉大的發明，就跟着有一個更加偉大的分工，而分工之每次發展，又引起一些更新的發明來。

我們這也用不着來追述，在英國，分工之偉大的進步之開始，是在機器發明之後。這卽如大部份的農民之機織工人與紡織工人就是如此，其事例在今日落後的各國中還可以遇見得到的。機器的發明，完成了工廠手工業與農村工業之分離。在不久以前，集合在一個家庭以內之機織工人和紡織工人，都被機器來分開了。幸得有機器，紡織工人可以居住在英國，而同時機織工人就可以寄居在東印度。在機器發明以前，一國的工業，其主要是從事於鄉土出產之原料，如：英國的羊毛，德國的亞蔴，法國的絲與亞蔴，東印度及近東諸國的棉花等等。受應用機器與蒸汽之賜，分工才獲得這樣的發展：大工業就脫離了國土的覊絆，完全倚賴於世界市場，倚賴於國際貿易，倚賴於國際的分工了。最後，機器有這樣的一個影響於分工，就是，無論在任何一種物品的製造廠中，只要一旦找得了方法零碎的介紹了機器時，那嗎，製造廠就即刻的要分成兩種彼此獨立的經營。

這是不是應當說到蒲魯東先生在機器的發明與原始的應用中所發現之慈善的與天命的目的呢？

在英國，當市場有了使手工勞働都再不能滿足他之這種發展時，大家就感覺到有機器的需要了。此時就想到要去應用在十八世紀所已經完成的機械學了。

應用動力的工廠，其開始的行動之表現，絕不是慈善的。小孩子們都是用鞭打而做工的。人們把他們當作是一種交易品，並且是同孤兒院裏訂了一種條約。人們之廢除關於工人的學徒制度之一切法律，我們借用蒲魯東先生的話來說，這是因爲人們再不需要有總合的工人了。總之，自從一八二五年以來，差不多一切的新發明，都是由於工人與企業家之間之衝突的結果，而企業家總是用盡了方法來低減工人的特長。在每次一種極不重要的新罷工之後，就有一種新的機器產生。工人他看見在機器的應用中，總很少有一種權利之恢復，如同蒲魯東先生所說的，總少有一種復興，所以在十八世紀中，他們經過了好久都反對機械之新生的勢力。

于汝 use 博士說：『韋雅特 Wgatt 在亞克來特 Arkwright 很久以前，就發現了「紡織指」doigts fileurs（施條轉子的系列）………主要的困難不在乎自動的機器之發明；………而特別在乎必需的紀律上面，使人們拋棄他們當工作時不正當的習慣，並且使他們與大機器之不變的規則同化。不過發明並實行一種適合於自動的機械系統之需要與敏捷的工廠紀律，這就是黑爾可勒 Hercule 的偉大事業，這就是亞克來特之高貴的成績。』

總之，由於機器的採用，於是在社會內部的分工就擴大，在工廠裏面之工人的工作就愈簡單，資本已經集聚起來，人就更加不值價。

蒲魯東先生若果想做經濟學家，並且暫時放棄「悟性的序列中之進化」，於是他想在應用機器的工廠剛發生的時代，於亞丹斯密中求得他的博學。其實，在亞丹斯密時代所存在的分工與應用機械的工廠中所存在的分工其區別是若何呢。為得要充分瞭解這種區別，只要引用于爾博士之工廠的哲學中幾斷文章來看看就夠了：

『當亞丹斯密寫他那本關於經濟學原理之重要的著述時，工業之動力機械系統還只剛剛勉强問世。在他看起來，分工確是工廠手工業趨於完善之最大的原則。他指明出來，在針的製造中，若果一個工人對於一個惟一的，同業的地方而實際經驗時，則這個工人就變成更敏捷而費時更少。在工廠手工業之各部門中，依照這個原則，他看見某些工作，如把黃銅絲切成同樣長的工作，就變成了很容易做的工作；在另一方面，如針頭的樣子和附着處的工作，是比較困難的工作。因此，他就下結論說，這自然是可以使每種工作有一個專門的人，而各人的工資就依照他的工作之熟練的程度而定。此種專門化就是分工的本質。不過可以用作亞丹斯密博士時代之有用的例証，其用之於今日，只是以引導人誤解關於工廠手工業之眞實的原則。其實，勞働的分配，或者還不如說是對於各種不相同的個人能力之勞働的適應，他並很少適用於機械工廠之工作計畫中；不惟不能適用於機械工廠之工作計畫中，而並且相反，無論任何地方，凡是某種工作，他需要很精巧靈敏的人担任的，都從那很精巧而又常常可以做出許多無定例的事故之工人手裏撤回來，而給予一種特殊的機器去担任，此種機器工作之有規則到了這步田地，就是一個小孩子，都可以去管理他的動作的。』

『動力機器體系的原則』，因此就是以機器的技術來代替手工，以一種工作之搆成要素中的分拆來代替工匠間的分工。依照手工業工作制度，手藝通常總是某種生產品之最不可少的要素，然而依照動力機器制度，工匠的技能，漸漸爲那班僅僅監督機械工作的人們所代替了。』

『人性的弱點是這樣：工人愈是熟練，愈成爲任性而爲不能駕馭的人，其結果，他就愈不適宜於機器制度，他的私意對於機器組織的全部就可以造成一種重大的錯誤。現時工廠主人的最大目的，所以就是既經使科與資本結合，當他把工人們確定在一種單獨的工作裏面時，就減少工人們的責任到只要練習在他們少年時代所造就好了的那種敏捷和熟練。』

『依照勞働的等級序統，在使工人的眼與手都變成很熟練，好來運用在機器中之某些智巧以前，必定要有多少年數的學習時間；不過依照分解一種動作而使之減少到他構成的原則，並且使各部份都受制於一種動力機器的動作之系統時，就可以把這些主要的部份委託於一個經過了短時期的實習，而具有一種普通能力的人；在緊急的情況中，甚至於還可以依照工廠主人的意志，把這個人由這個機器調到那個機器上去。這種變換，是與舊的方法顯然相反的；所謂舊的方法，就是把工作劃分，指定這個工人担任修飾針頭的責任，那個工人担任磨錯針尖的責任，這種千遍一律之討厭的工作，就是使工人們疲乏的工作；……但是依照平等化的原則，或是依照動力機器的系統而言，工人的機能，只是服從於一種快意的勞働而已。他的工作既然是監視一部按照規律的機器勞働，所以他只要很短的時間就可以學習得的；當他變更位置，由這部機器調到那部機器時，他考慮由他與他同伴之工作所發生之全部組織時，就變換了他的職務，就發展了他的思想。所以，機能的束縛，思想的狹隘，以及防害身體的狀態，在分工中所能有的，而在勞働之平等的分配制度裏，於通常的情況中，就可以不會發生的。』

『凡屬在機器制度中之一切改良的通常傾向與目的，一經以婦女與兒童的工業來代替成年工人的工業，一經以粗笨的工人勞働代替以熟練的工匠勞働時，實在就是免除成人的勞働，或是減少勞働的價格。……此種只用眼靈手敏的兒童來代替富有長期經驗的工人之傾向，就可以說明依照各種不同的熟練程度而分之「經院式的」scolastique 獨斷，終究爲我們那班開明的工廠主人所否棄了的。』（見昂德來，于爾 Andrew Ure 著：工業哲學，一名工業經濟學，第一本，第一章）

表示近代社會中之分工的特徵的，乃是於分工但產生專門家，諸種類，以及「職業的呆凝」idéotisme du métiers

勒蒙德說：『我們看見古人中，有同一個人，具有絕特的才能，他同時是哲學家，詩人，演說家，歷史家，僧侶，政治家，軍事將領等等，使我們見面驚異。我們對於這樣廣闊範圍的人，使我們精神上感覺驚異。現在的人，各人已建築起籬笆來，自己禁錮在自己的圍牆內。我雖然不知道是不是要斬斷這種閉擠而範圍才只擴大，然而我卻知道，現在的人是自己變狹隘了。』

所以表示在應用機器工廠中之分工的特點的，就是在這種機器工廠中的勞働失掉了他的專門性，但是，只要一切專門的發展一旦停息，那嗎，一種普遍性的需要，一種趨於個人全部發展的傾向，就開始要使人覺着了。應用機器的工廠，去脫了種類和職業的呆癡。

蒲魯東先生既然不懂得應用機器的工廠之革命的一方面，而卻又更退後一步，向工人建議，不惟要做一顆針之第十二部份，而且要去繼續地做一顆針之整個的十二個部份。工人這麼樣做了，於是就可以領略到針的意識與針的科學，這就是蒲魯東先生之綜合的勞働。任何人也都不能否認，前進一步的運動與後退一步的逆步，都就是同樣的一種綜合運動。

今總括以言之。蒲魯東先生並還沒有逃出於小資產階級的理想以外去。為得要實現這種理想起見，他想最好莫過的，就只有使我們回到中古時代的伙作上去，或者至多也不過只使我們回到中古時代之職業技師上去。在他的書上有幾處說過，在他的一生中，只要有一次做了一種傑作，只要有一次覺得是人就滿足了。就形式上說與就內容上說都是一樣，為中古時代之同業組合所要求的傑作，不就是蒲魯東先生的傑作嗎？

第三節　競爭與獨佔

競爭之好的方面：『競爭之對於勞働的重要，也同於分工之對於勞働之重要一樣。……競爭是爲達到平等的途徑所必要的。』

競爭之壞的方面：原則乃是他本身的否定。他之最確切的結果，就是消滅由他所引起的事項。』

一般的回想：『縱競爭而起的弊病，也同於由競爭而生出的好處一樣……在論理上，兩方面是都由原則所產生出來的。』

問題之解決：『要求從超乎自由之最高的法則所發生之調和的原則。

變易：『所以在此處的問題，不是要在乎消除競爭，消除競爭也同於消除自由一樣，同是一件不可能的事；在此處的問題，只在乎要求出一個均衡，我所謂之均衡，就是說一個警察。』

蒲魯東先生開始就擁護競爭之永久的必然性，而反對要把爭勝心來代替競爭的人。

其實，世界上就沒有「無目的的爭勝心，」並且，凡百慾念的對象物，都必然的與慾念相關，婦女之於戀人，政權之於野心家，黃金之於貪吝者，月桂冠之於詩人，工業上爭勝的目的物，必然的是利潤。爭勝並不是別的東西，乃是競爭的本身。

競爭是爲着利潤的爭勝。工業上的爭勝，是不是必然的就是爲爲着利潤的爭勝，換言之，爲着利潤的競爭呢？蒲魯東先生於此是肯定的答覆並且証明。我們曾經看見過，他的肯定就是証明：也猶之於他的假定就是否決一樣。

如果戀人之直接的對象是婦女，那嗎，工業上的爭勝之直接的對象便是生產品，不是利潤。

競爭不是工業上的爭勝，他乃是商業上的爭勝。在我們今日，工業上的爭勝，只爲着商業的目的而存在。在現代各民族之經濟生活中，至於還存在一些現象，就是大家都害了一種魔病，想不從事生產而取得利潤。此種定期發生之投機的魔症，就把競爭之真正的特性，赤裸裸地表現出來了；雖然競爭還想避免工業上的爭勝之必然性。

若果你對十四世紀的一個工匠說，人們將要廢止工業上的特權和一切封建的組織，而代之以工業上的爭勝，即所謂競爭，那他就要回答你說，各種行東的，職工的，行會的特權，都也就是有組織的競爭。蒲魯東先生自己說得好，爭勝不是別的東西，他就是競爭的本身。

『下道命令從一八四七年一月一日起，給予一切的人保証勞働與工資：工業上一個廣大無限的廢弛，就即刻地要繼續工業上之熱烈的緊張而起。』

現在我們所有的，不是假設，不是肯定，也不是否定，而是一道命令，是蒲魯東先生特別用來証明競爭之必然性，他的永久性就如同一個範疇等等。

若果有人以爲只要一道命令就可以逃脫於競爭，那就永久都不會逃脫於競爭了。並且若果有人既然保存工資而又提議廢除競爭，那是要用國王的敕令來做一件無意識的事；然而人民却不因國王的敕令而行事。在未實行這種敕令之前，他們至少要澈底的改變他們政治的，工業的生存條件，其結果就是要改變他們整個的生存方式。

蒲魯東先生必然地要用他那種不可動搖的担保來回答，說這是「沒有前例的關於我們的性質之變化」的一種假定，並且他還有一種「不讓我們討論」的特權；我們不知道他這是由於那種命令以行的。

蒲魯東先生不曉得，全部的歷史，也不過是人類性情之一種繼續的變化。

「我們且考究於事實罷。法蘭西大革命，曾經是爲着工業的自由而同樣也是爲着政治的自由；並且大胆的說，在一七八九年，法蘭西雖然一點也沒有認識他所要求實現的原則之一切的結果，然而他却既不是爲他的願望所欺騙，也不是爲他的期待所欺騙。誰想來否認這種事實，自我看來，誰就失掉了批評的權利。我斷不會同那在原則上提出二百五十萬人之自動的錯誤這樣一個反對者來爭論的；……假若競爭曾經不是社會經濟的原則，不是命運的敕令，不是人類精神的一個必然性，那嗎，爲什麼人們不想去改造一切，而去廢除行東的，職工的和行會的組織？」

十八世紀法蘭西人既然廢除了行東的，職工的和行會的組織，而不用改造他，所以十九世紀法蘭西人也就應該去改造競爭而不用廢除他。既然競爭占在十八世紀的法蘭西是因爲歷史的需要之結果而成立的，那嗎，在十九世紀，就不應當由於其他的歷史需要而破壞這種競爭。蒲魯東先生不懂得競爭之建立是與十八世紀人類之眞實的發展相聯合的，就把競爭當作是人類精神的一種必要，當作是一種虛位，那嗎，大哥爾倍特Grand Colbert之於十七世紀，他把他當作什麽呢？

大革命以後，就發生現在的狀態，蒲魯東先生從現在的狀態中抽出一些事實，以指出競爭之必然性，而証明在一切的工業中此種範疇還未曾發展，也與在農業中一樣，都是處於一種卑下的，衰朽的狀態。

若果說有些工業還沒有達到競爭之高度，又有些還是在資本家生產之水平線以下，這是一種無意識的讕言，他也絕然不能証明競爭必然性。

蒲魯東先生之全部的羅輯，總括起來就是這樣：競爭乃是我們現在發展我們的生產力中之一種社會的關係。他於說到競爭是工業的爭勝，是自由的生存之現存的方式，是勞働中的責任，是價値的搆成，是爲達到平等的一種條件，是社會經濟的一種原則，是命運的命令，是人類精神的一種必然性，是永存的正義之鼓勵，是勞働中的自由，是自由中的勞働，是經濟的一種範疇時，他給予競爭的眞理，就不是邏輯的發展，乃只是形式的發展而增於最完善的地位而已。

『競爭和團結？是彼此相互倚存的。他固然談不到是相互排斥的，而並且也不是分歧不一致的。誰講到了競爭，誰就已經假定了公共的目的。因此，競爭並不是利己主義，而社會主義之最可憐的錯誤，就是把競爭看作是社會的顚覆。』

誰講到了競爭，誰就是假定了公共的目的，那這就是証明：在一方面，競爭就是團結，另一方面，競爭不是利己主義。幷且，講到利己主義的人，他不就是講到公共的目的嗎？每個利己主義都實現於社會中，都是利賴於社會的現象，換言之，都是利賴於公共的目的，公共的需要，公共生產的方法等等。那嗎，社會主義者所謂競爭與團結幷不是分歧不一致的，這豈是偶然而來的嗎？

社會主義者們都很曉得，現存的社會是建築在競爭之上的。那嗎，他們怎樣可以非難競爭之推翻他們自己所願意推翻的社會呢？又是怎麼樣可以非難競爭之推翻未來的社會，在這個未來的社會中，他們看見競爭的崩壞呢？

況且蒲魯東先生又說，競爭是獨佔的反對，因此，競爭就不會成爲團結的反對。

封建制度，從他的原始說起，他就是與在當時還未曾發生的競爭對立的。這樣，可以得出競爭不是封建制度的反對這個結果來嗎？

在事實上，社會或是團體，都是可以加之於任何社會的名稱的，他之可以加之於封建社會，也同於他之可以加之於建築在競爭之上之資本主義的社會一樣。既是如此，那嗎，怎麼樣還可以有所謂社會主義者他由團體這樣一個單簡的名詞，就相信可以駁擊競爭呢？又怎麼樣蒲魯東先生於在這惟一的團體名詞之下指定競爭，而他自己又可以擁護競爭，反對社會主義呢？

剛才我們所講的一切，都是蒲魯東先生所認爲競爭之好的方面。我們現在且來談談他所謂之壞的方面，換言之，就是競爭之否定的方面，之弊病的方面，就是競爭之含有破壞的，敗壞的方面，不好的性質方面。

蒲魯東先生給我們描寫那個畫圖，有一點悲哀的情狀。

競爭生出貧乏來，他構成內亂，他「改變天然的界限」，混亂國民性，破壞家庭，敗壞公共心理，「顚覆公平，正義，道德的觀念；」而他所最壞的，就是他破壞誠實而自由的交易，不給予以總合的價值，即正當的，固定的價格之報償。競爭他使大家失望，就是經濟學者們，他也使他失望。他逼迫事物一直要到事物本身崩潰之一途。

根據蒲魯東先生所講這些一切一切的壞處看來，爲資產階級的社會關係，爲得他的原則和他的幻想，還有再比競爭更加腐敗，更加破壞的一種物質嗎？

我們要注意，只要競爭一旦激起新的生產力之非常的一個創造時，換言之，只要競爭一旦激起新社會之物質條件之一種創造時，則爲資產階級的社會關係，競爭就總是要變成更破壞的了。然而在這種關係之下，至少競爭之壞的方面，也就有他的好的方面。

『從競爭的起原來考察，看作經濟的地位或是形像之競爭，乃是一般的費用減少的理論……之一個必然的結果。』

蒲魯東先生以爲血液的流行，應當是哈爾非 Harvey 的理論之一種結論。』

『獨佔乃是競爭之必然的歸結，競爭由他本身之一個不斷的否定而生出獨佔來。獨佔之此種世系，就已經是競爭的証明。……獨佔是競爭之自然的對立。……不過從競爭是必要的時候起，他就包含了獨佔的觀念；因爲獨佔既然是如同每個競爭的個人之中樞。』

若果蒲魯東先生至少有一次能够應用他的正題與反題的公式呢，這也就是我們與蒲魯東先生共同歡忭喜的。任何人都知道，近代的獨佔，是由競爭本身所產生的。

至談到內容，蒲魯東先生却具有詩體的形像。競爭使『勞働之各種區分都像一個獨立的主權，其中每個個體都享有他的力量和他的獨立性。』獨佔是各個競爭的中樞。主權至少相當於中樞。

蒲魯東先生只說到由競爭所生出的近代的獨佔。不過我們大家都曉得，競爭曾經是爲封建的獨佔所生出來的。那嗎，從原始講來，競爭曾經是獨佔的反對，並不是獨佔是競爭的反對。因此，近代的獨佔，並不是一個單純的反題，相反，乃是眞正的總合。

正題：在競爭以前之封建的獨佔。

反題：競爭。

總合：近代的獨佔，他是封建的獨佔之否定，即是假定競爭制度；並且他是競爭的否定，如同他卽是獨佔。

那嗎，近代的獨佔，資本家的獨佔，是總合的獨佔，是否定的否定，是反對的統一。他是純粹的，正當的，合理的狀態之獨佔。蒲魯東先生當他把資產階級的獨佔作爲是粗野的，矛盾的，拘攣性的狀態之獨佔時，他是與他自己的哲學相矛盾的。蒲魯東先生因獨佔問題多次引用的那位羅西Rossi先生，對於資產階級獨佔之總合的性質，表現得好像比蒲魯東先生瞭解得要好一點。在他那本經濟學講義上面，他分成人爲的獨佔和自然的獨佔，他說封建的獨佔是人爲的，即所謂之專斷的；資產階級的獨佔是自然的，換言之，就是合理的。

依蒲魯東先生的理想，獨佔是一件很好的事情，因爲他是一種經濟的範疇，是人類之「

非個人的理性」之發揚。競爭也是一件好的事情，因爲競爭也是一樣，他也是一種經濟的範疇。不過所不好的，就是獨佔的實在性和競爭的實在性。更加不好的，就是競爭與獨佔之相互的破壞。那將怎麼樣辦呢？找出這兩種永存思想之總合來，把他從遠古時代所寄託之神的懷抱中拉出來。

在實際生活之中，大家不惟找得出競爭，獨佔，和競爭與獨佔的對立來，而並且還發生他們的總合，而此種總合，并不是一個公式，而是一個運動。獨佔產生競爭來，而鬬競爭也產生獨佔來。獨佔與獨佔發生了競爭，競爭者就變成了獨佔者。如果競爭者以部份的團結限制他們相互間的競爭，則在工人中的競爭就要擴大；並且與一國的獨佔者立於對立地位之無產階級羣衆愈加擴大，則在各國獨佔者之間之競爭就變成愈加擴張總合是這樣，獨佔只在不斷的經過由競爭的鬬爭才可以保持的。

爲得要辨証法式的產生那種繼獨佔之後而起的賦稅起見，蒲魯東先生使向我們講到社會的天才。社會的天才，於大胆的依照他那東倒西歪的道路之後，『於用堅定的步伐向前進行，不後悔，不停頓之後，走到了一個獨佔的灣角，他於是就以憂鬱的眼光迴顧後面，并且於深沉地回想以後，他課一切的生產物品以賦稅，創設一個管理的機關，好使全部的職傭都委之於普羅雷太里亞，而爲獨佔的人們所報償。

對於這位終日不食，東倒西歪以行的天才將作何解釋呢？原來賦稅就正是給資產階級用以保存他的統治階級的手段，而對於這種東倒西歪以行的天才，他除了用賦稅來破壞資本家以外別無其他的目的，又將作如何解釋呢？

爲得只要約略地攷查蒲魯東先生所以討論在經濟的瑣屑事項中的方法起見，可以說，照他的意見，消費稅是爲着平等的目的而建立的，並且是爲着幫助普羅當太里亞的目的而建立的。

然而消費稅只從資產階級降臨以來才得到他的眞正的發展。在工業資本的手中，換言之，就是由勞働之直接的剝削所維持，所增大，所再生產之經濟而節約的財富的手中，消費稅就是剝削那些只知道消費的大貴族們之無用的，逸樂的，浪費的財富之一種方法。沙克，斯涂亞特 Jacques Stuart 在亞丹斯密十三年前所出版之經濟學原理的研究 Recherches sur les principes de l'économie politique 中，就已經很明白的說明了消費稅之本來的目的。

他說：『在純粹的君主國中，王公們之於財富的增大，好像是有多少妬嫉的；因此，就徵收那些變成爲富裕的人的賦稅——生產稅。然而在立憲的政府之下，賦稅大體的都是落在貧窮人的頭上——消費稅。這即如君主們徵收工業稅……例如人頭稅 Capitation 財產稅 taille，是按照負担者所假定的財富爲比例的；各人是按照他所認爲假定的利息而徵稅的。至於在立憲政府之下，租稅通常是對於消費而徵收的。各人是按照各人所用出的多少而徵稅的。」

至談到信用，交易之均衡，租稅之邏輯的連續，我們只要注意，英國的資產階級，在紀雍，多蘭石Guillaumea d' Orange 時代，達到了他政治上的憲法，自從他處於自由地發展他的生存條件之狀態以來，他一舉便創造成功一個新的稅則制度。

此種觀察，很足以把蒲魯東先生關於警察式租稅，交易的均衡，信用，共產主義與人口之艱苦的工作，給讀者一個正確的觀念。

第四節　土地私有權與地貸

於每個歷史的時代，私有權是相異的發展的，而且是在一個全不相同之社會關係的系列中發展的。據這樣講來，下資產階級私有權的定義，不是別的事，只是說明資產階級生產之全部的社會關係而已。

要想把私有權當作一種獨立的關係，當作一種另外的範疇，當作一種永存的，抽象的觀念，來下定義，那不過只是形而上學或是法學的一種幻影而已。

蒲魯東先生看起來好像是講到了一般的私有權，而其實他不過只是討論土地的私有權，只是討論地貸。

『地貸的起源，也如同私有權一樣，他是所謂額外的經濟：他只存在於與財富相懸很遠的心理上和道德上的考察中。』(第二卷，第二六六頁)

如此看來，蒲魯東先生是自己承認不能瞭解地貸和私有權之經濟的起源。由於這樣的不可能，使他不得不求之於心理的和道德的考察，這類考察他雖然與財富的生產相離甚遠，而却與他那種狹隘的歷史觀點相離甚近。蒲魯東先生承認私有權的起源，有些神秘的和不可思議的事情。那嗎，在私有權的起源中去看神秘，換言之，就是把生產關係的本身對於生產器具的分配變成爲神秘，照蒲魯東先生的說法，那豈不放棄了對於經濟的科學之一切的志願嗎？蒲魯東先生『只限於記憶經濟進化之第七時代——信用——即玄想既使實際混亂，人類的活動有喪失到空虛的危險時代，人類與自然之最堅強的結合，就成了一種必然的事情：然而地貸却曾經是這種新契約的價格。』(第二卷，第二六六頁)

有了四十個「埃珠」écus(法國十八世紀以前的錢名，價値三金鎊——譯者)的人，就預想到一位蒲魯東到來：『造物主！照你的說法：每人都是他自己的小天地中之主宰。然而你却從來就沒有使我相信，我們所住的世界是玻璃的世界。』在你所住的世界中，信用是爲自己消滅在空虛中的一種方法；因此私有權之連繫人與自然之成爲必然性就是很可能的了。在現存的人類世界中，土地私有權總是存在於信用之先，而蒲魯東先生那種空虛的恐怖就是不能存在的。

地貸的存在一經承認了。無論他的起源是若何，他總是在地主與佃戶之間之矛盾的爭持物。此種爭持的結論是什麼呢？換言之，地租的平均額是如何呢？下面就是蒲魯東先生所講的：

『李嘉圖的學說，答覆了這個問題。在社會的開初，當人類還是新生存於土地上，在他的面前只有從無涯埃的森林，土地是廣大的，工業才只剛開始產生，這個時候，當然一點也沒有所謂地租。此時，沒有用勞力耕種過的土地，還是一種利用的對象；他並不是一種交換價值，他是一種公共的，非社會的東西。其後，因家族的擴大和農業的進步，就漸漸地使土地發生價格。勞働於是給土地以價值，地貸就從此生出來。如果以一種相同的勞働量，一塊土地可以得出更多的物產來，那嗎，這塊土地就愈爲人所重視，就是地主們的傾向，也總是把土地的生產物總合起來，減去佃戶的薪資，換言之，減去生產費用，就算爲土地的價格。如此講來，私有權就繼續勞働以起，把勞働在生產品中所超出的實際費用都奪去了。地主，從他之對於佃戶上講，他是代表公有土地，是盡了一個神祕的義務；在上帝的計畫中，佃戶不過只是一個負責的勞働者，他應當把他所應得的正當薪資以外，都歸之於社會，……所以就本質與目的而言，地貸乃是一種分配的正義之工具，是經濟的天才所用以達到平等的數千種方法中之一種。這一種極廣大的土地稅，爲地主與佃戶爲一種最高上的利益，繼續衝突而無調和之可能以行的，所以此種土地稅之有定的結果，必定是應當爲土地耕種者與工業家中間之土地佔有權趨於平等。……必定要有這種私有權制度的魔術，才能從佃戶方面奪取他所認爲是由自己所創造並屬於自己所有的生產品。地貸，或更講好一點，私有權，破壞了農業的利己主義，並創造了爲任何權力，任何土地的分配所不能產生出來的聯帶關係。……現在，爲私有權的道德所既得的結果，仍然是地貸的分配。』

所有這些支離破碎的文字，都可以歸納到這樣：李嘉圖說：農產物的價格超過於他的生產費用之剩餘部份，其中包含資本之通常的利息與利潤，就是地貸的標準。蒲魯東先生更是高明。他加入類似一位「機械神」Deusen Machina的地主來，這位他主從佃戶方面奪去在生產中所超出實際費用之一切的剩餘。他用地主的干涉來說明私有權，用收利息的人來說明地貸，他是用同樣的問題來答覆問題，並且還加上一套廢話。

我們還要注意，蒲魯東先生既以土地肥瘠的差別決定地貸時，他還替地貸假定了一種新的根源；照他的意思，土地在依照肥瘠程度的差別來估價以前，也不是『一種交換價值，而是一種公有物。』此種地貸的的假設，產生在挽回那個將要喪亡在無限空虛中的人到土地上面之地貸的空想，究竟得要變成爲什麼樣呢？

我們現在且來把李嘉圖學說中之一些神意的，寓言的和神秘的語句揭穿出來，而這就是蒲魯東先生用心把李嘉圖的學說包藏在這些語句以內的。

照李嘉圖的意義，地貸乃是帶資本主義狀態之土地私有制度，換言之，就是受制於資本主義生產條件之封建的私有權制度。

我們曾經知道，依照李嘉圖的學說，一切物品的價格，畢竟總是爲生產費用所決定的，此種生產費用，其中包括工業的利潤。換言之，一切物品的價格，是爲所使用的勞働時間來決定的。在工廠手工業中，由最低限度的勞働所得到的生產品的價格，就規定同種類之其他一切的物品之價格；因爲人們可以無限的增加價值最少而出產最多的生產器具，並且競爭也是必然地要引導到一種市場的價格，換言之，要引導到同種類之一切生產品之一種共通的價格。

反之，在農業中，規定一切同種類的出產品之價格的，就是由最大限度的勞働量所得到的生產品的價格。第一，在農業中，我們不能如同在工廠手工業中那樣，可以隨意地把同一限度的生產力之生產工具無限地增加，換言之，我們不能把同一肥沃程度的土地來增加。其次，只要人口一旦增加了，人們就來開闢劣等的土地；或者在同一的土地上投下新的資本，比較前次生產較少的新資本。在這兩種情況中，人們都是使用最大的一個勞働量而得到一種較少的生產品。人口的要求既然使此種勞働必然地增加，所以用高價耕種的土地之生產品與用廉價耕種的土地之生產品，也都是必然的一樣能够暢消。競爭既使市場的價格均平，所以最便宜的土地之生產品與最貴的土地之生產品也必然的是賣得同等的貴。這是最好的土地之生產品的價格對於他的生產費用之剩餘部份，就構成地貸。假設人們總是有同樣肥沃程度的土地歸他支配，假設人們如在工廠手工業中一樣，總是可以使用生產多而消費少的機器，或者假若第二次投下的資本其生產也與第一次投下的資本一樣的多，那嗎，農業生產品的價格，是如同我們所看見工業生產品之價格的情形一樣，是由最好的生產工具所生產的貨物價格來決定的。然而，從此以後，地貸也就要消滅了。

要使李嘉圖學說普遍的真實。還就要使資本可以自由地適用於工業的各部門；還要使資本家之間所充分發展的一個競爭把利潤達到一個均等率；還要使農民只是一個工業資本家，爲着用他的資本到土地上，他需要與那個用他的資本到任何其他的工廠裏面所取得的利潤一個均等的利潤；還要使農業的經營服從大工業制度；最後，還要使大地主自己只注意於貨幣的收入才好。

然而即使如此，如同在愛爾蘭，雖然佃租制度有了極端的發展，而地貸還是可以不存在的。地貸既然不惟對於薪資是一個過剩額，並且對於工業的利潤也還是一個過剩額；所以地貸只能够在地主的收入是由薪資中提取一部份時才只能够存在。

既是如此，那嗎，地貨不惟談不上把耕種土地的人，把佃戶弄成一個簡單的勞働者，不惟談不上「向農夫奪取他所不免要認爲是自己的東西之剩餘生產品，」而並且他還把一個工業資本家與地主對立，以代替奴隸，農奴，納稅者，薪資勞働者以與地主對立。

並且在封建的農夫爲工業資本家所代替之前，還經過了一個很長的時間。例如在德國，是在十八世紀之末的最後三十年間才開始這種轉變。只有在英國，工業資本家與地主之間的關係曾經得到他的充分的發展。

只要一天有蒲魯東先生的「開墾者」Colon，那就一天沒有地貨。從有地貨的時候起，開墾者就不是農夫，而是工人，而是農夫的開墾者。即如勞働者的減少，減到成爲單純的工人，日工，工銀役使者，爲工業資本家做僱役的人之職務；即如開闢土地如同開闢一切其他的工廠之工業資本家的干預；即如把小皇帝似的地主變成爲庸衆的高利貸者；這都就是由地貨所表現之各種不同的關係。

地貨，在李嘉圖的意義中，就是族長制度的農業變成爲商業的工業，就是工業資本應用到土地上，就是城市的資產階級移植到農村的意義。地貨，他爲得使人類依附於自然，而只使土地的種植依附於競爭。一旦搆成了地貨，土地私有權本身，就是競爭的結果。因爲從地

— 151 —

貸搆成的時候起，土地私有權就是依附於農產物之購買價值的。如同地貸一樣，土地私有權是動產化了，並且成了交易的一種結果。地貸之有可能，只在於城市工業之發展並且因城市工業發展所生出來的社會組織，使地主不得不只注意於購買的利潤，只注意於農業品之貨幣的關係，最後，使地主在他的土地私有權中，只看見是一架弄錢的機器才行。地貸之使地主完全脫離土地，脫離自然的關係，有這樣凶，他幷不要地主認識他的土地，一如在英國所看見的情形。至於佃農，工業資本家，農業工人，他們之不繫戀於他們所耕種的土地，也猶之於企業家，和製造廠中的工人之不繫戀於棉花或是羊毛一樣；他們所繫戀的，只在於土地經營的價格和貨幣的生產品而已。各種反動黨派的哀訴由此而起，他們由着他們的願望，要求回復到封建制度上去，到族長家族制度時代之美滿的生活上去，到我們的先祖之淳樸的風俗，高尚的道德上去。所謂土地服從於管理其他一切工業的規律，現在與將來都總是引人注意之哀悼的主題。由此，我們可以說，地貸就成了在歷史的運動中，牧歌所從出之原動力了。

李嘉圖於既假定資本主義的生產如同決定地租之必要的條件之後，而他却又把地租應用到各時代以及各地方之土地私有權。這也就是全部的經濟學家把資產階級的生產關係看作是如同永存不變的範疇之故態了。

依着蒲魯東先生的意思，由改變開懇者到負責任的勞働者之天命的目的的地貸，過渡到

—— 152 ——

平等分配的地貨。

地貨，由我們剛才所講的情形，是由肥沃不同的土地生產品之相等的價格所構成的；其情形就是，價值十個弗郎「一百立脫爾」hectolitre 的麥子，假使因爲一塊劣等的土地而把他的生產費用提高到了二十弗郎，那嗎，這十個弗郎一百立脫爾的麥子就要賣到二十個弗郎了。

只要需要一旦使人們不得不購買担到市場上去之一切的農產物時，市場的價格就總是爲最高的生產費用而決定的。因此，是由於競爭所生出來而並非是由於土地肥沃不同所生出來的價格之平等化，他對於優良的土地所有者才構成以每百個立脫爾十個弗郎的地貨賣給他的佃戶。

現在假定麥子的價格是爲生產麥子所必需的勞働時間來決定的；若果在最好的土地上所生出來之一百個立脫爾的麥子要賣十個弗郎，至於在不好的土地上所生出來每一個立脫爾的麥子要花費二十弗郎。那嗎，這就是承認市場上的均平價格是十五弗郎，而依照競爭定律，則是二十個弗郎。假設均平的價格曾經是十五弗郎，那嗎，任何分配的問題，無論是平等的或是其他，在此處都是沒有的。因爲在這個地方沒有地租的緣故。地租之能存在，只是因生產着花費了十個弗郎所生出來之一百個立脫爾的麥子要賣到二十弗郎。蒲魯東先生爲得使不平等的生產品達到平等的分配起見，就假定對不平等的生產費用有市場的價格之平等。

我們覺得，經濟學者們如米爾Mill。佘爾不里耶Cherbuliez，洗爾帝慈Hilditsch以及其他，都曾經要求地貨歸之於國家，用以減輕捐稅。這裏，就是工業資本家對於地主之憤恨之明白的表示；他們以爲地主之在資產階級生產的全部中，是一種無用物，是一種贅疣。

但是爲得以後能夠從消費者方面提取過多的十弗郎作爲普遍的分配起見，首先就使一百個立脫爾的麥子能賣二十弗郎；這樣就足夠使社會的天才很憂鬱的走上他那條東倒西歪的道路，而把他的頭碰倒某個釘角上去。

照蒲魯東先生的描寫，地貨變成爲「一種極大的土地冊子，爲地主與佃戶很矛盾的……在一種最高的利益中所實行的；而其確定的結果，就必然是使土地耕種者與工業家之間之土地佔有的平等。」

爲得使因地貨所形成之某種土地冊子有一個實際的價值，就必定要他總是存在於現社會的諸條件中。

然而我們已經指明出來了，由佃戶所納付地主的租稅，只在工商業最先進的國家中，稍稍正確的說明地貨而已。而且此種租稅，還常常包含了付給地主所投資於土地的資本之利息。土地的位置，都市的鄰近，以及還有許多其他的條件，都影響於租稅，而並且還改變地貨。這些決定的理由，都足以証明建築在地租上之土地冊子之不正確。

在另一方面，地貨並不是一種土地的肥沃程度之固定的標幟。因為近代化學的應用，既然每時都變化土地的性質，而在現時，地質學上的知識又正在開始推翻相對肥沃之一切舊有的估計：只從差不多近二十年來，人們才開闢英國東部之廣大的土地，這些土地，就是在當時因為人們還不大認識腐蝕土與下層構造之間的關係而拋棄的土地。

因此，歷史當然談不上在地貨中給予一個完全造好了的土地冊子，歷史所做的，只有改變並且完全推翻曾經造好了的土地冊子。

總之，肥沃不是如人們所能相信的那樣一種自然的性質：他是與現在社會關係極密切結合着的。一塊土地儘可以很肥沃的來栽種麥子，然而市場的價格就可以使耕種者把這塊土地變成為人為的牧場，成為一塊不肥沃的土地。（這些情況，在離都市不遠的牛乳及奶曲製造廠的近傍之土地，都是例子——譯者）

蒲魯東先生除了為給予地貨之天命的平等目的以實體之外，並不忽略他的土地冊子，而他的土地冊子，并不等於通常的土地冊子。

蒲魯東先生繼續的說道：『地貨是一種付給那個從不滅亡資本（如土地）之利息。又如資本，談到物質上則不受任何的增加，只有談到使用上受一種不確定的改良，所以，當利息和借貸的（借金）利錢因資本的豐裕而不斷的減少時，地貸就因工業的完善而日見增加；從工業的完善而得到土地使用中的改良；……這就是地貸的本質。』（見第二卷，二六五頁）

這一次，在地貸中，蒲魯東先生除了是那種發生於特殊性質的資本以外，他看到了利錢之一切的標幟。此種資本，就是土地，是這種永久不變的資本。『這種資本，就是在物質上無任何的增加，而只在使用上有一個不固定的改良』的資本。在文化的進步過程中，當地貸之頻趨於高漲時，而利錢則有繼續低落的傾向。利錢因爲資本的豐裕而低落，而地貸却隨工業的完善而增高；工業的完善，其結果就使土地有一個很好而又廣大的使用。

這上面就是蒲魯東先生對於地貸之本質的意見。

我們首先就來考察，看一直要到那一點，才可以正確的說地租乃是資本的利錢。

在地主本人看來，地貸就代表了他爲土地所費用的或是他把土地變賣了從中所取得的資本的利錢。不過當買賣土地時，地主所買賣的也不過只有地貸。地主爲得成爲地貸的收取者所安排的價格，是根據一般的利錢率而定，與地貸之本來的性質無關。投在土地中的資本之利錢，一般的講起來，是比投在工業或商業中的資本中之利錢要低些。因此，在那班不能把對於地主所表現之土地的利錢和地貸本身得一個分辨的人看來，投在土地中的資本之利錢，比投在其他各種資本中的利錢還更要減少。然而現在的問題，幷不是在於地貸之買或賣的價格，並不是在於地貸之販賣價值，地貸之資本化等等問題，現在的問題，只是對於地貸的本身問題。

租稅，除了眞正的地貸以外，還包含了投在土地中的資本的利息。那嗎，地主之收受這一部份的租稅，(指投在資本中的利息——譯者)并不是以地主的資格，而是以資本家的資格了。然而我們所要想講的眞正的地貸，却不是指此。

土地，只要他一旦不是看作如同生產的手段而耕種，那他就不是一個資本，資本的土地之可以被增加起來也如同一切其他的生產手段之可以被增加起來一樣。照蒲魯東先生的話說，在土地的本身上，並不能增加些什麼，所能增加的，只有用作生產工具的土地。只有應用那已經變作生產手段的土地可以不必增加任何土地的本質，而增加資本的土地，換言之，就是不必增加土地的面積，而增加了資本的土地。蒲魯東先生所謂土地的本質，就是指着如同界限的土地。至於他所謂之土地的永久性，我們極願意他且有這種實質。資本的土地，也並不比其他一切的土地更具有永遠性些的。

產生利息的金與銀，其永存性和經久性也是與土地一樣的。如果當土地的價格高漲時而金與銀的價格低落時，這的確不是由於他所具有的多少永存性而來的。

資本的土地是一個固定的資本；不過固定的資本之使用，也與流動的資本之使用一樣就是。關於土地的改良，有再生產與維持的需要。改良只能維持於一時，並且還與人們把材料變成生產手段所使用之其他一切的改良有共同的關係。若果資本的土地是永存的，那嗎，有些土地就應當表現與他在現在所表現的是一個另外的情狀，而在羅馬的鄉間，在西里島Sicile在派來斯Palestine就應該還看見他們全部的古代繁榮之景象。

甚至於還有當土地是在一個改良的情況時，而資本的土地仍可以消滅的。

第一，這常時眞正的地貸就可以被那最肥沃的新土地競爭而消滅的。其次，在某一個時代可以有一種價值的改良，因農事學發展的結果而這種改良普遍的情形頓失其價値。

資本的土地之代表者不是地主，而是佃農。土地如同資本樣所生出來的收入，是利錢，是工業的利潤，而不是地租。有些土地，他產生這種利錢和利潤，而絕不產生地租。

總而言之，土地，如同生出利錢來的土地，是資本的土地；他既是資本的土地，所以他就不生出地貸來，所以他就不搆成土地的私有權。地貸是由於在耕種中的社會關係所生出來的。他並不是由於土地之多少永存性或是多少永續性而生出來的。地貸是由於社會所生出來的，而並不是由於土地裏面生出來的。

照蒲魯東先生的意思，『在土地使用中的改良，』——工業完善的活結，——就是地貸之不斷的高漲的原因。然而相反，此種改良，他反使地貸定期的低減。

但是大體的講起來，一切的改良，無論是在農業中的改良，或是在工業中的改良，他是怎麼樣存在的呢？他是由於同樣的勞働而得更多的生產生出來的，或是由於較少的勞働而得同等或是更多的生產而生出來的。幸喜有這些改良，農民爲得一個較少的生產品，才可以省得去使用一個大量的勞働。那嗎，農民也就無需乎追求於劣等的土地之必要，而繼續應用於同樣的土地之資本的部份，也就保存一個同等的生產了。因此，此種改良，不惟談不到如蒲魯東先生之所講的，是繼續地使地貸增加，而並且相反，他還是反對地貸增加之一時的障礙呢。

十七世紀英國的地主們之感覺到這種眞理有如是凶，他們就害怕他們的收入之減少，就來反對農業的進步。（參閱，白當 Petty：查爾斯二氏時代之英國的經濟學家）

第五節　同盟罷工與工人的團結

『在凡百工資的高漲運動中，除了有麥子，酒等等之漲價的結果以外，換言之，除了日用品之缺乏的結果以外，不能有其他的結果。但是，什麼是工資呢？工資就是麥子等等的原價，就是一切事物之完全的價格。更進一步說：工資是搆成財富以及勞働大衆每天在生產上所消費的諸要素之比例。既然如此，把工資加到一倍，……那就是分配給每個生產者比自他己的生產品更大的部份，這是相矛盾的；並且如果只對於一小部份的工業漲價，那就是激起在交換中之一個普遍的混亂，攏總一句話，就是激起日用品的缺乏，……我敢斷言，繼續工資高漲而起的同盟罷工之不達到一個普遍的物價昂貴情況，是為不可能的：這是與二加二等於四同樣的眞實。』（見蒲魯東著：第一卷，一一〇頁與一一一頁）

這上面一切的主張，除開二加二等於四以外，我們是一切都否認的。

第一，也就沒有什麼是普遍的物價昂貴。假若一切的物品是與工資同時高漲了一倍，那嗎，在價格中也就沒有什麼變動，所有的也只是在名詞中的變動。

其次，工資之普通的一個高漲，從來就不能引起商品之一個多少普通的高漲來。其實，如果一切的工業是按照固定的資本或是按照一切工業所使用的工具之比例而使用同樣數目的工人呢，那嗎，工資之一個普遍的高漲就會生出利潤之一個普遍的低落來，而商品的時價就不會受到任何的改變了。

但是，手的勞働之與固定資本的關係，他之在各種工業中既然是不相同，所以凡百使用較大的固定資本和較少的工人之工業，他遲早就不得不減低他們的商品之價格了。在相反的情況中，假若各種工業的商品價格不減低，則他們的利潤就要提高到公共的利潤率以上。而機器又並不是薪資的勞働者。因此，薪資之普遍的高漲，其影響於使用機器比使用工人較多的工業中是要少些的。不過競爭總常常是趨於使利潤率均平，所以超過均平率以上的利潤，只能够是偶然的。因此，除開一些變動外，工資之一個普通的高漲，他不引起物價之一個普遍的昂貴如蒲魯東先生所言，而却引起物價之一個普遍的低落來，換言之，却要引起那些大體上是用機器製造的商品時價中之一個普遍的低落來。

利潤與工資之高漲與低落，只足以表示資本家與勞働者參加一勞働日的生產品中之比例，至對於生產品的價格，大部份是沒有什麼影響的。至於那『繼續工薪的增加而起之同盟罷工就達到物價之一個普遍的昂貴，甚至於達到日用品之一個普遍的缺乏，』這種思想，只能够在那個不可解的詩人頭腦中才產生得出來。

在英國，同盟罷工照例是由於幾種新的機器之發明與應用而發生的。機器，我們可以說，曾經是資本家用來打擊反叛的專門勞働之武器。自動的紡織機，這種近代工業最大的發明，他把那些反叛的紡織工人都置之於鬪爭之外去了。當聯合與同盟罷工，除了使機械學的天才之結果來反抗他們自己之外時，他並無其他的結果，然而同盟罷工與聯合之對於工業的發展，也總是有一種很大的影響。

蒲魯東先生繼續的說道：『在一八四五年九月，來雍·弗含Léon Faucher先生於他所發表的一篇論文中說：晚近以來，英國工人失却了聯合的習慣，這確無疑議的是一種進步，人們只有來慶幸他。然而在工人道德中的這種改善，特別是從他們之經濟的教育中而來的。在波爾東，Bulton 的會議上，一位紡織工人說道：決定工資的，決不是工廠主。當衰落時期，廠主可以說只是救濟需要的一個鞭撻，無論廠主們是願意與否，他們總歸是要鞭撻人的。供給與需要的關係，乃是操縱的主旨，至於工廠主人，是沒有操縱的權力的。……蒲魯東先生於是大喊道：好了！你看，這就是很有訓練的工人，可爲模範的工人，等等，等等……。在英國既然沒有這種貧困，而這種貧困當然也不會跑過海峽來的。』(見蒲魯東著：貧乏的哲學，第一卷，第二六一至二六二頁)

在英國全部的都市中，波爾東算是急進主義Radicalisme最發展的一個都市。在波爾東的工人們，是大家所認爲再革命沒有的。當英國爲廢止谷物條例所引起之大騷動時，英國的工業家都相信只有把工人放在騷動的前面才可以對抗地主。但是工人的利益是與工業家的利益衝突的，而工業家的利益又是與地主的利益衝突的，這自然在工人的集會中，工業家是佔不到便宜的。那嗎，工業家將怎麼樣辦呢？爲救全面子計，他們就組織了一些大部份是由工頭，小部份是由忠於他們的勞働者以及他們那班交易的朋友們合成的集會。當集會時，如同在波爾東和在曼切斯特 Manshester樣，眞正的工人們要想參加這種集會以抗議這種僞造的民衆時，大家就不許他們進門，說：這是一個憑券入場的集會，沒有券不能入場。由這句話當然就知道，這只是些憑劵入場的集會，只允許持劵的人才能加入的集會了。然而他們貼在牆上的佈告，却宣言是公開的，公共的集合了。每每在這類的集會時，廠主的報紙都有詳細的記載，並於會中的演說，故作鋪張揚厲之辭。自然無疑的，會中所講話的人，都是一班工頭了。而倫敦的報紙，都把他逐字逐句把轉載出來。而蒲魯東先生却不幸的把工頭當作了普通工人，而給他們以不要跑過海峽的命令。

卽令在一八四四年到一八四五年，同盟罷工沒有以前那樣引人注意，那是因爲一八四四年與一八四五年是一八三七年以來英國的工業繁盛之最初的兩年，然而其時，任何的勞働組合，都不會瓦解。

我們現在且來聽聽波爾頓的工頭們的說話罷。照他們的意見，工廠主人並不是工資的主人，因爲工廠主人並不是生產品的價格之主人，因爲他們仍並不是世界市場的主人。依着他們這種意見，就是要使工人們知道，不要有什麼團結來向工廠主人要求增加工資了。反之，蒲魯東先生却禁止工人們的結合，怕由工人們的結合，就會引起一個工資的高漲，由此而牽累到生活必需品之一個普遍的缺乏。自然我們也用不着說，在某一點上，工頭們之與蒲魯東先生之間是有一個親密的默契：就是工資的高漲，卽等於生產品的價格之高漲。

但是害怕生活必需品之普遍的缺乏，這一點是不是蒲魯東先生的缺點之眞正的原因呢？

不是的。他還很誠實地同意於波爾頓的工頭們，因爲他們把供給與需要來決定價值，並且他們很少顧慮於構成價值，很少顧慮於達到構成狀態的價值，很少顧慮於價值的構成，其中包括永遠的交換可能性，并且還很少顧慮到由天神所建立之其他一切的關係之均衡與均衡的關係。

『工人們的同盟罷工是非法的。這不惟刑律上是這樣，並且這是經濟的體系，這是現存的秩序之必要。雖然每個工人的自身都有支配他的身體與手腕的自由，這是可以允許的；但是工人們若果想用團結來壓制獨佔，那是社會所不能允許的。』(見蒲魯東，第一卷，二三七與二三五頁)

蒲魯東先生以爲可以取刑律的一個條文來作資產階級的生產關係之一種必然的而且普遍的結果。

在英國，(工人)團結是爲議會的一個條文所允許的，並且還是由於經濟的體系他使議會不得不用法律來給予這一個允許。在一八二五年，當許士其生Huskisson執政之時，議會必須改正立法，好使立法漸漸與自由競爭所發生的情形趨於一致，於是當時的議會就必然地要廢除那些禁止工人團結之一切的法令了。近代的工業與競爭愈發展，則激起並促成工人團結的成份愈多，一旦團結變成了一種經濟的事實，一天天地强固起來，則他馬上就要成爲一種合法的事實。

如此，刑律的條文，至多也不過只証明在憲法會議和第一王政時代，近代工業與競爭，還未曾充分的發展。

經濟學者與社會主義者們，只有一點是同意的：就是在他們之非難團結這一點。不過他們所以非難團結的動機有不同罷了。

經濟學者們對工人說：你們不要團結罷！如果你們團結起來，則你們就是妨害工業之依例的進展，你們就要阻碍工廠主滿足買客的要求，你們就要擾亂商業，並促成機器之侵入；而機器之侵入，就使你們的勞働一部份變成無用，卽你們也就不得不要接受一個更低落的工資。並且你們儘管去團結，而你們的工資也總還是由所需要的勞働力與所供給的勞働力之關係而決定的；如此而你們還要起來反抗經濟學上之永存的法則，那却是一個可笑的而又最危險的努力呢。

社會主義者向工人們說：你們不要團結罷！因爲團結了以後，你們得着些什麼呢？工資提高嗎？而經濟學者明白地告訴了你們，有時，你們成功了，因團結而一時獲得了幾個小錢，而你們却就要繼續地受着一個長久的跌價。熟鍊的計算者給你們証明，只爲得替你們趕上工資之增加以補續爲組織和爲維持團結所必需的費用，也就要費你們若干年。

並且我們，我們以社會主義者的資格來告訴你們，除開金錢問題，你們總還是一個工人，而主人也總還是主人，以前也與以後一樣。如此，就不要團結，不要政治，因爲實行團結，還不就是實行政治嗎？

經濟學者希望工人停留在已經形成的社會中，停留在所記載並印行於他們的提案書的社會中。

社會主義者希望工人去開舊社會不管，以便好好地加入於用許多明智來爲他們預備的一個新社會中。

雖然有社會主義者與經濟學者，雖然有提案書與烏托邦，而(工人的)團結之發展與擴大，總是與進代工業之發展與擴大同樣進行，並無片時停息的。而現在並且到了這樣一個地步：在一國中，(工人的)團結所發展的程度，就足以表示這個國家在國際市場之參差不齊的狀態中所佔的地位。工業發展達到了最高度的英國，他就有組織得最廣泛最完善的團結。

在英國，也不見得盡然是部份的團結，這些團結，他除了一個暫時的罷工以外，就無其他的目的，暫時的罷工完結了，團結了就消滅了。不，人們在英國，還組成了永久的團結，如勞働組合，他就是組織得爲工人與企業家鬭爭的臂助之用。並且在現時，各地方的勞働組合都聯合起來，組成了一個全國統一勞働協會，他的中央委員會在倫敦，計算已有八萬會員這些同盟罷工，團結，勞働組合之形成，與工人的政治鬥爭同時並進，而這些工人現在就組成了一個大政黨，取名曰憲章黨 Chartistes

工人們常取團結的形式，以爲彼此聯合之最初的嘗試。

大工業他把一大批彼此不相識的人衆都集合在一塊地方。而競爭又以利害關係分裂他們。不過因工資的維持(工資是工人們對付他們的主人之共同的利益，)却使他們以一種相同的抵抗思想再結合起來，——這就是團結。因此，團結常有一個雙重的目的，就是：停止在工人們彼此之間的競爭，以便得到向資本家一個普遍的競爭。若果抵抗的第一目的只是爲維持工資，等到資本家他們因一種壓制思想一旦自己團結起來，於是在最初還是分離的團結，就組合成爲諸集團，並且面對着常是團結的資本，於是維持組織之對於工人，就比維持工資還更覺得必要了。這種情形有如是的眞實，就是英國的經濟學者們，他們眼見着工人們竟爲着聯合而犧牲很大部份的工資，殊以爲驚異，因爲在經濟學者們的眼光看來，總以爲聯合之成立是爲着工資呢。未來的戰爭之一切必要的成份，都在這種鬭爭中——眞正的內亂——集合了發展了。一旦達到了這一點時，聯合就帶着一種政治的性質。

經濟的諸條件起初把一國的民衆變成爲勞働者。資本的支配，給這些羣衆創造了一種共同的地位，一種共同的利害關係。因此，這個羣衆，面對着資本已經是一個階級，不過在他

—— 167 ——

們本身尚不覺得是一個階級罷了。在鬥爭中，這些羣衆集合起來，他就構成一種自爲的階級。他所保護的利益，便成爲階級的利益。不過階級對階級的鬭爭，總是一種政治鬭爭。

在資產階級中，我們可以區分兩個階段：一個就是在封建和君主專制制度之下構成階級的階段，另一個就是已經構成了階級，他爲使社會成爲資產階級的社會而推翻封建制度與君主制度的階段。第一階級是比較很長，並且需要較大的努力。他開初也是以部份的團結來反抗封建諸侯。

人們費了很多的研究，來劃分資產階級從「共社」Commune以至於他所組成爲階級，這個過程中之各種不同的階段。

但是一談到正確地來估計同盟罷工，團結，以及普羅雷太兒在我們眼前實現他的階級組織之其他的形式時，這些就表示眞實的恐懼，而那些人又表示很深刻的侮蔑。

一個壓迫階級，是建築在階級對立之上之整個的社會之必然的結果。所以被壓迫階級的解放，就必然地要牽連着一個新社會之創造，爲得被壓迫階級能夠解放，就要已取得生產力與現存的社會關係再不能夠彼此並存。就一切的生產工具來說，生產力之最偉大的，就是革命階級本身。如同階級之革命的成份之組織，是以在舊社會中所能產生之全部的生產力之存在爲前提。

這是不是說，在舊社會崩潰以後，就有一個新的階級統制出來，他就是總括在一個新的政權以內嗎？不是的。

勞働階級解放的條件，就是廢除一切階級，這也如同（法國大革命時——譯者加）第三身分，布爾石蛙的等級之解放條件，就是廢除一切的身分，一切的等級一樣。

勞働階級，在牠的發展過程中，是要把靜除了階級以及階級對抗的一個組織來代替舊有的市民社會，在這個靜除了階級以及階級對抗的組織中，也就沒有所謂眞正的政治權力，因爲政治權力這個東西，正是在市民社會中階級對抗之一個正式的總結。

現在普維雷太里亞和布爾石蛙之間的對抗，乃是一種階級對階級的鬥爭，鬥爭到了最高的表現時，就是一種完全的革命。其實，一個社會，既建築在對立的事物之上，他要走上一個激烈的衝突，走上一個血肉相搏以作最後的解決，這又有什麼驚異呢？

你們不要說社會運動是排除政治運動的。也就沒有一個政治運動同時不是社會運動。

只有在沒有階級與階級的對抗之實際現象中，社會進化才停止是政治革命。一直到那個時候，在社會之每次普遍的變革之前夜，社會科學最後的結論總是：

『不是鬥爭就是死：不是血淋淋地鬥爭就是消亡。問題不可避免地是這樣提出來了。「喬治，撒（George. sand.」』

附錄一

爲馬克斯所批評的蒲魯東

(摘錄一八六五年一月十六，十七，十八等日的社會民主報中。)

一八六五年一月二十四日敦倫書

先生：

你要我對於蒲魯東的著作做一個詳細的批評，我以時間不夠，不能滿足你的希望，殊爲抱歉！並且我沒有他的任何著作在我身傍。但是，爲表示我的誠意起見，我急於寫出下面的一點意見來寄給你。

我現在記不得蒲魯東之最初的論文。在學生時代他對於世界語言 La lanque univeroolle (指他所著的普通文法論 Essai de grammaire générale而言——譯者)的著作，就証明他不受拘束地來處置一切問題，而缺乏之解決問題之最粗淺的知識。

他的最初的著作：什麼是財產 qu' est-ce que la propriété 一書，就是他的最好的著作。他這部書震耀當時，卽使不是由於他所講的新穎，至少也是由於他大胆講話以及他講的方法之新穎。他所知道的法蘭西社會主義者的著述，自然地不惟是從各種不同的觀點批評了財產，而並且還空想地要消滅財產。在他的（指蒲魯東——譯者）著作中，蒲魯東之於聖西蒙 Saint-Simon 和傅立葉 Fourier，差不多也關於費爾巴黑 Feueslach 之於黑智爾 Hegel 一樣。拿費爾巴黑來與黑智爾比較，費爾巴黑自然是極貧弱的。不過在黑智爾以後，費爾巴黑却能引人注意，這是因爲他着重了宣揚了幾個要點，他於基督教的意識是很可厭惡的。於哲學的批評之進步上又是很重要的；而這幾個要點，黑智爾却是把他棄置之於神秘的幽昧之中而沒有宣揚出來。

我可以說，蒲魯東先生這本書的體裁還是很雄健的，據我的意見，使這本書出名的功績，也還是由於他的體裁之雄健。我們可以看出，蒲魯東甚至於當他描寫時，他就發覺了，凡是他所說的事情是新的，他就把他當作是新的。

用以毆擊經濟學上的堂殿之挑駁的膽量，用以譏誚資產階級之庸俗的機巧的狂言，他那種銳利的批評，嚴酷的諷刺，和他在這裏那裏所攻擊現在的秩序之真實而又深刻的一個反抗的情細，革命的精神，這就是他感動讀他那本什麼是財產的讀者，以及他這本書出世以來深印着一種刺激力之所在的地方。在一部很嚴格之科學的經濟史上講來，他這本書差不多還够不上有一提的價値。不過這類感情的著述，在科學上所充的職役，也與在文學上所充的職役一樣。且舉馬爾薩斯 Malthus 的人口論爲例罷。人口論在第一版時，完全是一種

「感情的」小冊子，而且徹頭徹尾都是一種剽竊。然而這種滑稽的嘲笑，其給予人類的刺激何限！

假若在我們身傍有蒲魯東的著作，那就很容易用幾個例子來說明他的最初(所用)的方法。在他自已所認爲是最好的幾章中，他却摸倣了他在當時由翻譯的書籍所認識之惟一的一個德國哲學者——康德的矛盾方法，而並且還留下一個有力的印像，就是：他也和康德一樣，都認爲解決這種矛盾，只能够於人類的智能以外。換言之，人類智能的本身，不能够解決這種矛盾。

但是，無論他以打破偶像自任者的態度如何，而在他這種第一本的著作中，就已經發現了這樣的矛盾，就是：蒲魯東一方面以法國小農(以後是小布爾石蛙)的見地與眼光來批評社會，另一方面，應用社會主義者所遺留給他的尺度來批評社會。

並且就是那本書(指什麼是財產而言——譯者)的標題，也就是以表示他之不足。爲得要很正確地答覆這個問題，而問題的提出也就是太壞了。因爲是封建制度的財產代替了希臘和羅馬的財產，又是資產階級的財產代替了封建制度的財產。歷史本身就担負了對於過去的財產關係之一種批評的任務。然而魯蒲東所要討論的，就是近代資產階級的財產關係。如果要問及什麼是這種關係，那只有用經濟學批評的分晰才能答覆；因爲經濟學之批評的分晰，不僅僅把這些財產關係的總和包括在意志關係之法律的表現中，而並且包括在物質生產的關係之現實的形態中。像蒲魯東既把經濟關係的總和附屬於財產之法律的概念，所以他就不能够超出於一七八九年前布里索·Brissot 所已經給我們那個相同的答案：『財產就是贓物（見蛙費爾，布里索 Brissot de Warville 著：關於財產權及盜竊等等的研究，栢林，一七八二年，在蛙費爾，布里索主編：立法家之哲學叢刊，第六卷中）

由這些一切中，我們可以得出來的結論，就是：資產階級對於贓物之法律的概念，也完全適用於資產階級之正當的利潤。從另一方面講，即如贓物，他既是財產的侵害，那自然是以財產為前提，而蒲魯東對於資產階級之眞正的財產，却迷亂於玄謬不可思議的各種意念之中。

當一八四四年我滯留在巴黎的時候，我與蒲魯東發生個人的關係。回想這種情形，因為在某一點上，我對於他的「贗造」Sophistication（英國人對於「贗造」這個字，是用來指示僞造一種商品的意思。）是要負責任的。在無數的長時爭論之中，常常延長到通夜，我灌輸了他以黑智爾的學說，——不幸他因為不懂德文，所以他也就不能够澈底的研究。我起首的事，（指着灌輸蒲魯東的德國哲學的事——譯者註）在我被驅逐出法國以後，卡爾括蘭先生 Karl Griir 就繼續下去了。不過這位德意志哲學教授却高我一籌，就是他自己也不懂得他所教的是什麼。

在他的第二種重要著作貧乏的哲學 La philosophie de la misère, etc, 出版之前不多時，蒲魯東在一封很詳細的信中告訴了我這件事，其中有這些話：『我等候你鞭策的批評。』果然不久這種鞭策的批評就落到了他的身上，（在我著的：哲學的貧乏中，一八四七，巴黎）於是就永遠地破裂了我們的友情。

從上面所說的看起來，你就可以看出，貧乏的哲學，或是經濟學的矛盾之體系，其終結總是應當給什麼是財產的一個答案。然而事實上，蒲魯東只在他第一本書出版以後才開始作經濟學的研究。為得解決他所提出來的問題起見，他發現了不必用詈罵的語句來回答，只須用近代經濟學的一個分晰來回答。同時，他想用辨証法來建立經濟的範疇之體系。用作發展的手段，他以為黑智爾的矛盾法則，應當代之以康德那個解決不了的矛盾律。

為批評這兩大本書計（指蒲魯東著的：貧乏的哲學——譯者）我應當請你去一讀我的答辨書。（指馬克思著的這本哲學之貧乏——譯者）在這本書中，我一方面指出蒲魯東之於科學的辨証法之神密是如何地不瞭解，而在另一方面，又指出蒲魯東是分有了「思辨的」哲學之幻想：他不把經濟的諸範疇著作是與物質生產的發展之一定的階級相適應之歷史的生產關係之理論的表現，而他的想像却要把經濟的諸範疇變成功先於一切實際存在之永存的觀念；由他

的這種方法，繞一個大圈，他仍然回到他的出發點，回到資本主義的經濟觀點上來了。（註）

（註）『於說到現在的關係——資本主義生產的關係——是自然的關係時，經濟學者們就以為在這種生產關係中，財富之產生和生產力之發展，都是依照那不受時間影響之自然律以行的。由此說來，就是在資本主義以前曾經有歷史，而以後就不再有歷史了。』（見哲學的貧乏）

其次，我指出來所想要批評的經濟學之知識是如何地不完全而且幼稚，以及他是如何地不從歷史的運動（歷史的運動，他本身就是產生社會解放之物質條件的運動，）之批評的知識中去探求科學，却與一般空想家一樣，為得「社會問題之解決」來探求那種所謂「科學」，而那種所謂「科學」，只是他一種完全預備好了的公式而已。總之，我所要特別指明出來的，就是蒲魯東所有的，只有對於全部經濟學之基礎，交換價值，之一些不完全的，混亂的，錯誤的觀念，這個機會就引導他在李嘉圖的價值論之空想的解釋中去觀察一種新科學的基礎。最後，我總括我對於他的觀念之批判如下：

『每個經濟關係，都有他一個好的方面和壞的方面：這是蒲魯東先生所不自相矛盾之惟一的一點。好的地方，他看見是為經濟學者們所陳述的；壞的地方，他看見是為社會主義者們所陳述的。他從經濟學者們那邊借來，永久關係之必然性，他從社會主義者那邊借來只能在貧乏之中觀察貧乏的幻想。他於想把好的壞的都歸之於科學的威權時，是與經濟學者和社會主義者都是同意的。爲他，科學只歸縮到一科學的公式之極小的部份，他只是一個追求公式的人。是因此，蒲魯東先生就揚揚自得，以爲他給予了共產主義和經濟學一個批評，然而他却是在經濟學者和社會主義者之下。他在經濟學者之下，因爲他既然是如同帶了一種魔術的公式在手裏的哲學家，他相信可以不必深入到純粹經濟學裏面的繁徵；他在社會主義者之下，因爲他既然是一位既沒有充分的勇氣，又沒有充分的光明使他前進，高出於資產階級的地平線以上。

「……他想以科學家的資格駕凌乎資本家與生產者之上，然而他只是一個永久地搖擺於勞働與資本，共產主義與經濟學之間的一個小紳士（Patit bourgeois 多數人都譯作小資產階級者，其實在此處論文氣講起來，譯作小紳士更好，法文的 Pourgeois 這個字，本來也有紳士的意味存在——譯者註）而已」。

雖然這種批判表現得是有些嚴刻，然而我現在還不能不逐字逐句地保持這種批判。不過還要記着，當我在理論上宣告並証明蒲魯東的著作只是小資產階級的社會主義之經典時，而同是這位蒲魯東却被當時的經濟學家和社會主義者們所共視爲極端的革命家而被排斥了。是因此，所以嗣後我對於那班因爲他的「背叛」革命而高賊的人們之呼聲從不加入附和。因爲在起初，別人也同他自己一樣的那麼誤會，所以以後他之絲毫不能滿足人們的希望，却算不得他的過錯。

貧乏的哲學與什麼是財產這兩本書對照起來，就把蒲魯東說明事理的方法之一切的缺點，都很不利於他的透露出來了。他寫書的體裁，是常常法國人所謂之鋪張的。隨處都遇着他那種冒充德意志哲學者之誇張而「專談空理」的支離破粹之詞，隨處就失却了「古勒人民」(gonloise 這個字是 Gaule 的形容字，Gaule 是法蘭西民族的前身，此處的「古勒人民」，即指着法蘭西民族而言——譯者註）那種聰明伶俐之性。以一種誇張者的聲調在你耳邊嗚嗚不已的，就是他己誇耀自己的讚誦，就是對於他的那種所謂「科學」之一些永久的自負之詞和一種討厭的無謂之語。蒲魯東在這個地方，處處是很有系統的誇張並且洋洋自得，失脫了表明他第一本書那種眞實的自然的熱情。補充的說，這位用作博聞强記之拙劣而又討厭的學究先生，他曾經失掉了自認以爲是獨立而創造的思想家之傲慢，而現在假科學之名以爲就應當誇耀自己之所不是與未有的一切。並且那種小雜貨店主的感情，驅使他用那個不正當而且粗野的，不惟不徹底，而並且也不深刻不正確的方法，去攻擊一位因政治立場常站在無產階級方面而爲人所尊的卡佩 (Cabet 其人，同時却要與杜格蛙野 Dunoyer 憑通欵曲，(不錯，杜諾蛙野做了政府的顧問 (而這位杜諾蛙野除了用一個滑稽的態度宣揚了他那三大本很可嫌厭的書，如黑爾費許斯 Helvetius 之嚴格主義所謂「只希望不幸福的人們完善」之外，別無其他的重要了。」

實際上，二月革命之暴發，就是很不利於蒲魯東的。因爲在未暴發之數星期以前，他却還是以斷然的態度証明「革命的時代」是永遠地過去了。然而在國民會議中他的態度，雖然証明他對於時局是很少明瞭，然亦可以值得讚賞的。到了六月暴動以後，他那種態度就是一個很大的勇敢行爲。並且這種態度有如是幸福的結果，紀野爾 Thiers 先生在他用一本書籍的形式所發表對於蒲魯東先生之提案的答辨之中，暴露了法蘭西資產階級這位聰敏的柱石所倚靠着的竟是兒童的無價值的寶座。拿蒲魯東來與紀野爾對比，那蒲魯東却好似一座太古的巨像。

蒲魯東之最後的事業與經濟的行動，就是他的「無償信用」Crédit Graduit與「平民銀行」Bangue du peuple 之發現，這是他所要實現的。在我著的經濟學批評 zur kritik der politischen oekonomie(栢林一八五九年版，第五十九至六十四頁)一書中，大家就可以找出証據來，証明蒲魯東的思想，是建築在全部不瞭解資本主義經濟學之最初的要素：卽不瞭解商品與貨幣之間的關係；至於這些思想之實際的實現，不過只是製造得很好而並且很久的計畫之一個再生產而已。在十八世紀初以及現時，在英國，用以把財產由這一個階級傳到那一個階級之信用的發展，在一定的政治與經濟的條件之下，可以促進工人階級的解放，這是沒有疑問而並且很眞實的。不過把帶利的資本 Capital portant intérêt 看作如同資本之主要的形態，而想實行信用之特殊的應用及所謂利息率之廢除，作社會變革之基礎，——這就是到地的雜貨店主人之一種空想。並且在這裏面，大家還可以看出如十七世紀英國小資產階級代表的熱情所已經指出的空想來。蒲魯東於討論帶利的資本時所與巴斯西亞 Bastiat 的論戰（一八五〇年），是還居於貧乏的哲學之下的。他也被巴斯西亞所攻擊，不過他的敵人每次對於他施以攻擊時，他總是咆哮大怒。

數年以前，蒲魯東寫了關於租稅的一種論文，（大概是指着他著的租稅的理論 Théorie de l'impôt ——譯者註）我想是爲福德 Vand 地方政府之徵文而作的。在這個地方，天才之最後的微光就失掉了，所餘的不過只有純粹那一個小紳士而已。

蒲魯東的政治與哲學的著作，也與我們在他的經濟學的著作一樣，都有那種雙重的和矛盾的性質。加之，他的著作，只限於在法蘭西一地方表現重要。不過，他對於宗教與教會之非擊，當法蘭西社會主義者，自誇以爲他們的宗教感情，超過於十八世紀的福祿德爾主義 Voltavrialinne 和十九世紀德意志的無神論的自誇時期，却有一種很大的局部功績。假使比得大帝 Pierre le grand 以野蠻去戰勝俄羅斯的野蠻，那嗎，蒲魯東也就是用盡了心力以空談去救濟法蘭西的空談。

他還有一部不但可視爲壞的著作，而並且簡直是很卑鄙的言論——這却完完全全是與雜貨店主的感情一致——這就是他對於「政變」的那本書。他在那本書裏面，獻媚於路易波來巴特 L. Bonaparte(即拿破崙第三)，竭力地使法國工人們去歡迎他；而這本書是反對波蘭 Pologne 的，他以愚人的玩世態度去看待波蘭，藉此以恭維沙皇。

有人常常把蒲魯東比之於盧梭 J. J. Rousseau，那是再誤會也沒有的。寧可說他是與尼古拉蘭格 Nicolas Linguet 相似；不過尼古拉蘭格那本民法的理論，却是一種天才的著作。

蒲魯東的性格，使他接近辯証法。只是因爲他完不瞭解科學的辯証法，所以他只走上詭辯的道路。而事實上這也是由於他那種小資產階級的觀點而出發的。小資產階級與我們的歷史家羅美爾 Raumer 完全一樣，他常常是說兩方面的話的。兩種對立的，矛盾的潮流支配着他的物質的利益，因此，支配了他的宗教的，科學的，藝術的見解以及他的道德，總之，支配了他軀體的全部。他就是一個活鮮鮮的矛盾物。並且，若果和蒲魯東一樣，是一個有才能的人，那即刻就曉得把他本來的矛盾，玩弄把戲；並且按照情形，造成顯著的，轟動的，有時還很顯赫的邪說。科學的幻術與政治的妥協，是一個同樣的觀點而不可分離的。所留着的只有一個唯一的動機，就是那種個人的虛榮心；並且在一切好虛榮的人看來，也不過只爭着那剎間的結果，瞬息間的成就而已。由這種情形，必然地就失掉了那種簡單的道德智謀，此種智謀他預防一個盧梭與現存的勢力甚至於與表面上的一切勢力妥協。

後世之人爲說明法蘭西歷史之最近期起見，或者會說路易波來巴特就是現時的拿破崙第一，蒲魯東就是現時的盧梭福祿德爾 Rousseau-Voltaire 了。

你的最忠實的，

卡爾，馬克思上。

（這是爲恩格思從德文翻譯的。）

附錄二

（從馬克思著：經濟學批判，一八五九年，柏林版本，六一至六四頁中摘錄出來的。）

× × × × × × ×

看作是貨幣之直接的尺度單位之勞働時間的理論，是首先爲約翰格來John. Gray有系統的說明了。（註）

（註一）約翰格來一八三一年在愛丁堡出版之社會制度論，可參照他在一八四八年愛丁堡出版之貨幣之用途及其性質一書。二月革命以後，格來送了一部建議書於法國臨時政府，在這個建議書裏面，他告訴臨時政府當局，說：法國所需要的不是「勞働組合」，而是「交換組合」；而這種交換組合之全部的計畫，就是在他所發現的貨幣制度之中。忠實的約翰，他沒有想到在他的社會制度論出版以後十六年，他那個發明的特許証，會被那富有天才，作同樣的發明之一位蒲魯東所奪去。

一個國立中央銀行，得他的分銀之帮助，保証爲各種商品的生產所使用的勞働時間。生產者在他的商品交換中，得到價值之正式的証券。這就是包含在他的商品中之勞働時間的一箇收據；（註二）而這些一星期的勞働証券，一日間的勞働証券，一小時的勞働証券，就代表在銀行堆棧中之一切其他的商品所能接受之同價值的東西。(註三)這就是根據英國現存的制度所注意而仔細發揮的基本原則。格來說：『在這種制度下，每時爲獲得貨幣而出賣，正與現在用貨幣來購買一樣地容易實行；生產乃是需要之統一而永遠不盡的源泉。』(註四)貴金屬於是就失掉了他對於其他的商品所有的「特權」，而「取得與奶油，鷄蛋，羅紗，棉布在市場上並立的地位，而且他的價值不再有金鋼鑽的價值兩樣貴，會引起我們的注意。』(註五)如此，是不是應該保存我們對於價值之人爲的尺度，如黃金，而阻礙國家的生產力；或是應該保存使用價值之自然的尺度，如勞働，而解放國家的生產力呢？(註六)

註二、格來著：社會制度論，第六三頁，』貨幣只能算是一個收據，而貨幣掌握者或則是付予國家富財的儲藏以一定的價值之証據，或則是他已經由償付的某人取得一個同價值的權利之証據。

註三、(見前舉書，第六十八頁

註四、(見前舉書，第十六頁

註五、格來著：貨幣論講義，第一八〇頁

註六、同上，一六九頁

勞働時間既然是價值之內存的尺度，爲什麼在這種內存的尺度以外又另有一種外附的價值呢？爲什麼交換價值變成爲價格呢？又爲什麼變成爲適合於交換價值之惟一的一種商品如貨幣，他可以估定一切商品的價值呢？這裏就是格來所應待解答的問題。然而他不去解决他，反冥想着以爲商品是社會勞働的生產品，彼此可以直接相關。但是要曉得商品之能够相互關係，也只由於牠們都是些商品。商品是個人的，獨立的，孤獨的勞働之直接的生勞品；商品必須經過個人交換的過程，才能成爲社會的一般勞働之商品；或者說，在商品生產中，勞働只有在個人的勞働之普遍的讓渡以後，纔能成爲社會的勞働。於把在諸商品中所包含的勞働時間作爲是社會之直接的勞働時間而提出時，格來則把他當作如同集團的勞働時間或是個人直接連合的勞働時間而提出。實際上，在此種條件之下，一種特殊的商品如金或銀，對於其他的諸商品，也不能算作是普遍勞働的化身；交換價值也不能變成爲價格，使用價值也不能變成爲交換價值，生產品也不能變成爲商品，如此，則資本主義的生產所恃以爲存立的基礎就消滅不見了。然而格來的想像却不是如此。他以爲生產品是應當如同商品而生產，不應當如同商品而交換。

格來把他這種熱烈的願望之實行，付託於一個中央銀行。在一方面，社會以銀行的介紹，把個人交換的條件歸之於獨立的個人；另一方面，社會他讓獨立的個人在個人交換的基礎上繼續生產。格來，他雖然想簡單地改良貨幣，改良這個商品交換的結果，然而邏輯却使他不得不繼續地否認資本主義生產之諸條件。他把資本變成爲國家的資本。(註七)把土地所有權變成爲國有權，(註八)等到我們進一步地攷察他的銀行時，我們就可以看出，他的銀行不惟是一隻手接受商品，交付另一隻手所接受的勞働証劵，而並且他還規定了生產的本身。在他的最後的著作：貨幣論講義上面，格來極力地表示他的勞働貨幣，就如同資產階級之一個純粹的改良，於是，他之陷入於誤謬的地步，也就是更明顯了。

註七、『各國的事業，都應當依着國家的資本進行。』約翰，格來著：社會制度論，第七十一頁)

註八、『土地變爲國有權』(見前書，第二九八頁)

一切的商品都是直接的貨幣，這是格來的理論，這種理論，是從他對於商品之不完全的分析，因之而成爲錯誤之分析的結果。『勞働貨幣』，『國家銀行』，『商品倉庫』，之『有機的』搆成，只是一種夢想，只是以使我們把一種敎條，當作是一個普遍的定律而已。以爲商品就是直接的貨幣，或以爲在商品中所包含之個人特殊的勞働就是直接的社會勞働，這個敎條，並不因爲有一個銀行相信他，或是遵照了他的辦法進行，他就變成了眞理。在此種情形之下，銀行的破產，就佔了實際的批評之重要的作用。在格來的書裏面所沒有講到，或是他所不懷疑的地方，即勞働貨幣是達到廢除貨幣的熱望者之一個經濟上的空洞名詞。並且因廢除貨幣，必隨而廢除交換價值，因廢除交換價值，必隨而廢除商品，因廢除商品，必隨而廢除資本主義的生產形態，這個已經由格來前後少數的英國社會主義者明白地說明了。（註九）不過這還有待於蒲魯東及其學派之嚴正地把貨幣的低落與商品的提高看作是如同社會主義的原則，由此，就是把社會主義貶降爲商品與貨幣間必然的關係之幼稚的誤解。（註十）

註九、參看董卜生 W. Thompson 著：關於財富分配之研究，倫敦，一八二七年版。及布銳衣 Bray 著：勞働者的過犯與勞働者的救濟，利茨，一八三九年。

註十，達爾孟特 A.Darimont 的銀行改革論，可視爲這種傳奇的貨幣論之摘要，一八五六年，巴黎印版。

附錄三

對於自由貿易問題的演講

這是一八四八年一月七日，馬克思在布魯塞爾「社會民主主義協會」所發表的一個公開的講演。（馬克思這個對於自由貿易問題的講演，是依照一八四八年在布魯塞爾所出版的一本小册子之原文而翻印的。這種原版的小册子現在是很難找得，我們只知道有恩格斯的藏本，現在之德文翻譯，英文翻譯，義大利及俄文翻譯本都是根據恩格斯的這個藏本而翻譯的——編者註）

各位先生：

英國穀物條例的廢除，是爲十九世紀自由貿易所取得的最大勝利。在各國，製造者們之倡言自由貿易之說，他們大概的著眼處，就是在於穀物和原料之自由貿易。如以保護關稅而征收外國谷物的稅，這是卑汚的行爲，這是不顧惜人民的饑餓。

便宜的食物，高漲的工資，（Cheap food high wages）這就是英國自由貿易者花費了幾百萬元所欲得到之惟一的目的，而並且他們的熱情還伸張到大陸上（指德法各國——譯者註）他們的朋友那邊去了。大概的講來，若果有人希望自由貿易，那就是爲着要改良勞働階級的狀况。

然而事是很奇怪的！人們用盡了全力爲他們獲得便宜食物的人民，却是很忘恩負義的。在英國的便宜麵包，與在法國的便宜政府一樣，都是同樣不名譽的。人民在他們所謂忠實的人中，在一位保林 Bowring，一位布越特，Bright中，看出了他們最大的敵人和最無廉恥的假仁假義者。

大家都曉得，在英國自由黨與民主黨之間的鬬爭，就是自由貿易論者與憲章運動者之間的鬬爭。

現在且來看看英國自由貿易論者與憲章運動者是怎麼樣的向人民証明他們是受了一種好意來驅使他們行動。

下面就是他們向工廠裏的工人們所說的：

取之於谷物的一種稅收，是對於工資的一種賦稅，你們付這種賦稅給大地主，給中世紀的這些貴族；若果你們的地位是很艱難，那是由於生活必需品昂貴的緣故。

於是工人們又要轉來問問廠主：

那嗎，從最近三十年以來，我們的工業已有最大的發展，爲什麼我們的工資低落之速度，比穀物價格高漲的速度相差甚遠呢？

誠如你們之所想像的，我們所繳納給地主的租稅每星期每人約合三辨士，但是，手織工人的工資，從一八一五到一八四三年，由每星期二十八先令低減到五先令；在機器工廠裏面的織工，從一八二五年到一八四三年，由每星期二十先令，低減到每星期八先令。

又在這個時期當中，我們所繳納於大地主的租稅額，從來沒有超過三辨士。其次在一八三四年，當麪包是很便宜而商業又是很興旺的時期，你們那時又將向我們如何講呢？你們說：『若果你們是不幸，那是因爲你們生的小孩子太多，并且你們結婚的生產，比起我們工業的生產更加豐裕！』

這就是你們在當時向我們所講的話；而你們現在又要去製造那些新的貧窮法令，並且要建築起工人宿舍來，建築起無產階級的牢獄來。

我們且來看看工廠主人的答辯：

工友們，你們所講的是有道理；決定工資的，不惟是麥子的價格，而並且是勞働者們中間的競爭。

不過你們還應當注意一件事，就是：我們的土地，只是由岩石與砂層搆成的。你們以為大家可以把麥子由花瓶裏面栽種得出來嗎？當然不能夠的。既然不能够，那嗎，爲省得在那完全不毛之地浪費我們的資本與勞力計，我們就放棄農業，而完全從事於工業，結果，全歐洲其他各國放棄工業，而英國既有全歐洲其他各國做他的農村，就形成了歐洲之惟一的工業製造廠的城市。

當工廠主人這樣地向工人們說話的時候，他就被小商人們質問，小商人們對他說：若果我們廢除了穀物條例，自然，我們是破壞了我們的農業，然而我們也不能够因此而强迫其他各國都靠我們的工廠以自給，而放棄他們自己的工業。

那嗎，其結果究竟是怎麼樣呢？其結果就是：我們就失掉了現在在農村的顧主，而國內的商業也將失掉了他的市場。

工廠主於是背着工人，回答小商人說道：

論到這層，讓我們去做罷。一旦廢除了麥子的稅，我們就可以從外國得到更便宜的麥子。於是我們減低工資，而同時被我們吸收了麥子之其他各國將提高工資。

因此，除了我們已經享有的利益以外，我們還有便宜工資的利益；因爲這些一切的利益，我們就可以使歐洲大陸諸國不得不到我們這裏來買貨。

此時農民與工人都參加討論了。

他們說：如此，那我們將怎麼樣辦呢？

我們將使我們對所以爲生的農業宣告死刑嗎？有人撤除我們脚下的土地，我們應當忍受嗎？

爲代替一切的答覆起見，反對穀物條例同盟 Anti-Corn-law league 僅懸賞徵集三篇討論廢除穀物條例對於英國工業的影響之最好的論文。這種徵文的奬品爲何卜 Hope，莫爾士 Morse，格雷格 Gregg 所得，而他們的論文，有好幾千份是傳播在農村中。

得奬者中的一個人，極力証明因外國的穀物之輸入而所受損失的人既不是農民，又不是薪資勞僱者，而却是地主：

他說：英國的農民不要害怕穀物條例之廢止；因爲沒有那一國能生產比英國這樣好而又便宜的麥子的。

因此，即使麥子的價格低落，這也是與你們無傷的，因爲這樣的低落只是使地租低落，絕無妨害於工業的利潤與工資，工業的利潤與工資，總仍然是一樣的。

第二個得奬的莫爾士先生主張相反，他以爲因穀物條例之廢止，麥價還要提高。他極力証明關稅保護法從不能担保麥子有一種相當報酬的價格。

根據他的這種主張，他更引証事實，就是每次外國的麥子輸入多時，英國的麥價就無限的高漲，一到輸入較少時，而麥價就極端減低。得奬的人忘記了輸入並不是價高的原因，而價高乃是輸入的原因呢！

並且他與他的同伴得獎者正相反對，他肯定穀物價格的高漲是農民與工人的利益，而並非地主的利益。

第三個得獎者格雷格先生是一個大工廠主，並且他的書籍傳播到了大農階級，他不能保持相類似的蠢言，他的語句是比較科學的。

他以爲穀物條例只有使麥價提高才能使地價提高，而並且以爲穀物條例只有使資本必須投到劣等的土地，才能使麥價提高，這是用不着說得的了。

只要人口增加起來，則外國的穀物就不能輸入到國內，如此就不得不利用不甚肥沃的土地，而這種土地的耕種是需要較多的費用，所以這種土地的生產品就比較貴些。

穀物一經是一種強賣，則其價格必然要按照最貴的土地生產品之價格來規定才行。在這種價格與最好的土地生產費之間的差額，就搆成地貸。

因此，若果由穀物條例廢除的結果，麥價與地貸由此便低落下來，這是因爲不毛之地停止了耕種。於是地貸的縮減，必然要引起一部份農民的破產。

爲得要瞭解格來格先生的語詞，這類觀察是爲必要的。

他說：不能安心於農業的小農，將要到工業中去找出路。至於大農，他們應當在農業中取得勝利。或者地主不得不把他們自己的土地以廉價賣給他們，或者他們與地主之間所定的地租契約有很長的時期。這就是使他們投入大批的資本到土地中去，應用一大批的機器，並以節省手工業的勞働；而手工業勞働，受穀物條例之直接的結果，因而工資之普遍的低落，就更加便宜了。

保林博士給這些論據以一種宗教上的追認，在一個公開的講演會中，喊着道：

耶蘇基督就是自由貿易，自由貿易就是耶蘇基督。

我們知道，凡是這種假仁假義，都不是使工人喫得便宜的丐包。

只是。怎麼樣叫工人們能夠領會得廠主之不意的慈善，而這些廠主們還是在那裏反對人們提議之十小時工作制度，因爲在當時有人提議要把在工廠裏之十二小時工作制度減爲十小時呢。

各位先生，爲得使你們明白廠主的一種慈善觀念起見，我且請你們注意在各工廠裏面所訂立的一些規條。

各工廠主都有一種眞正的法典供他們私人的使用，對於一切有意或無意的過犯，都有一定的處罰。舉例來說。若果工人們不幸坐了一把椅子，若果他們耳語，閑談，說笑，若果他們遲到了幾分鐘，或是有一部份機器損壞了，或是造出來的物品性質不合於所要造的，等等，等等，都是要罰多少錢的。每每所罰的欵總比工人眞正所損失的東西要多些的。並且爲給工人們容易受罰起見，常常把工廠的鐘提早，給壞的原料要工人做好的貨品。人們常把不善於增加犯法案件的工頭革職。

各位先生，你們看見麼，這種私人的法令，是爲着犯法而製作的；而使之發生犯法是爲得要錢。因此，工廠主人用盡了一切的方法來低減決定的工資，幷且利用工人所不能作主之偶然的事變。

這些工廠主人，也就同是那班使工人們相信，他們單爲改良工人的命運而不惜濫費許多金錢之慈善家。

由此看來，他們一方面假工廠的規則，以最卑鄙的方法剝削工人的工資，而另一方面，他們用最大的犧牲，用反對穀物條例聯盟來提高工資。

他們以最大的費用來建築宮殿，作反對穀物條例聯盟的會所，有時他們的官舍；他們派大批的傳敎士到英國各地，敎他們宣傳自由貿易的福音；他們使人印刷幷免費地散發成千萬份的小冊子，使工人明白他本身的利益：他們花費了大批的欵子收買報紙以供他們的利用：他們組織了一種廣大的管理機關，以便指導自由貿易主義的運動；幷且在公的集會中來宣傳他們自己之雄辨的才能。下面是在某一次的公開大會中，一個工人所高聲喊着的：

如果大地主們要賣我們的骨頭，你們，工廠主，你們就首先去買這些骨頭的，買來把他放到機器磨子中去，把他磨成粉子。

英國的工人們很明白大地主與工業資本家之間的鬬爭義意。他們充分地知道，人們要低減工資來低減丏色的價格，并且工業的利潤又因地貸的減少而增加。

英國自由貿易的信徒，現世紀最著名的經濟學者李嘉圖，對於這一點，是完全與工人們同意的。

他在他的名著經濟學的著作中說道：

『假使不在我們國內收穫麥子，我們發現了一個可以得到便宜麥子的新市場，在此種情形之下，工資就應當減少，而利潤就應當增加。農業生產品的價格低減，不但使用作耕種土地之工人的工資低減，而并且使在工廠裏面作工的，或是在商業裏面使用的人們之工資都要低減。』

那嗎，諸君，你相信當麥子是很便宜的時候，工人只獲得四個弗郎，而在以前，工人可以獲得五個弗郎，這樣於工人是有什麼分別的地方嗎？

他的工資還不常常是比利潤低落嗎？他的社會地位不總是比資本家要壞嗎？除此以外，他還要在實際上失敗的。

只要麥子的價格還是很高，工資也還是很高時，那只要對於丏色的消耗有一個小小的節省，就足以使工人們得到其他的娛樂；不過只要一旦丐色和工資都是很便宜的時候，那工人也就差不多絲毫都不能以節省丐色的消費來購買其他的物品。

英國的工人們使自由貿易者感覺得，他們不爲他們的幻想與訛言所欺騙；並且雖然如此，若果英國的工人們與自由貿易者聯合起來反對大地主，這只是爲着消滅封建的最後殘餘，此後他們只剩着一個唯一的敵人而已。工人們在他們自己的計算中並沒有錯誤的；因爲大地主，爲得要報工廠主人的仇，就與工人們有共同的利益，來實現工人們三十年之要求未成，而在穀物條例廢止以後所立即通過之十小時工作制度。

若果在經濟學專家的大會上，保林博士從他的荷包裏面取出一個表冊來，使你們看看裝運到英國來的一切食物如牛肉，火腿，臘肉，鷄，等等，等等，如他所說是爲工人所消費的；那嗎，他却不幸地還忘記了向你們說，在曼切斯特和在其他的城市中，同時還有因開始發生經濟恐慌，被遺棄在陌路上的許多工人呢。

在原則上，在經濟學上，總不應該從搜集僅僅一年的數目字上，就可以抽出普遍的定律來。必須常常取出六年至七年——近代工業之興盛，生產過剩，停滯，恐慌，以及完成他的必然周期之各種不同的現象所經過的時間之平均數目。

自然，若果一切商品的價格低落，這裏就是自由貿易之必然的結果，那我就可以用一個弗郎得到比從前更多的物品。而且工人的弗郎之與別人的弗郎都是同等的價值。如此，自由貿易之於工人就是很有利益的。不過此處還有一點小小的不方便之處，就是，工人在把他的弗郎交換其他的商品以前，先就要用他的勞力來交換資本。如果在這種交換中，工人總是用同樣的勞力來收得剛才所講的弗郎，而並且一切其他的商品價格還是低落，在這種市場上，工人總是獲利的。其困難之點，不在乎証明一切商品的價格低落時，我還可以有更多的商品得到同一的貨幣。

經濟學者們總常常是注意當勞働與其他的商品交換時之勞働價格，而却把勞働與資本交換的時會置之不管。

若果使產生商品的機器動作所需要的費用較少的時候，那嗎，爲得維持這個機器即所謂勞働者之必需的東西，花費得也是同樣的便宜。假使一切的商品都很便宜，則勞働，他也是一種商品，也同樣地低減其價格，並且在後面我們就可以看出，此種商品的勞働，他與其他的商品比較，其價格是要更加低落。信賴經濟學者們的論據之勞働者，他就會感覺到弗郎會在他的荷包裏分解，所剩着的不過只有五個「所」Sous（法國錢幣，等於一個弗郎的四分之一——譯者）

在這個裏面，經濟學者們要對你們說：好，我們承認工人們中間的鬪爭，在自由貿易的制度之下是不會減少，所以他就很快的使薪資與低落的物價均平。不過在另一方面，低價的商品就增高了消耗，最大的消耗額，就要求最大的生產額，而最大的生產額，必定需要最多的勞働者，幷且一有需要最多的勞働者時，就必定要繼之以工資的提高。

這些一切的論據，就同到下面的話來：自由競爭增加了生產力。如果工業要擴大，如果財富，生產力，總之，如果生產的資本增加了勞働的必要，增加了勞働的價格，那嗎，薪資就同樣的要高漲起來。對於工人最好的條件，就是資本的擴大，這是應當要承認的。假若資本停滯不動，那嗎，工業不但是要停滯下來，簡直還要後退，在此種情形之下，工人却是首先的犧牲者，他是要先於資本家而滅亡的。並且如我們剛才所講的，在資本擴大的這種情形之下，對於工人是好的條件，其情形究竟是怎麽樣呢？工人也同樣是要滅亡的。生產的資本之擴大，必定要牽連到資本之蓄積與集中；而資本的集中，就引起更大的分工和更廣大的應用機器。最大的分工就破壞勞働之專門性，破壞勞働者之專門性，幷且一旦把一個專門的工作，弄得使人人都能够去做，於是就增加勞働者之間的競爭來了。

分工他使一個工人能得着做三個工人的工作之方法，而在工人之間的這種競爭就尤其厲害。

機器以最大的規模，產生同樣的結果。生產的資本之擴大，他既然使工業資本家不得不使用日益擴大的方法而勞働，他就破壞小工業者，而置之於無產階級之中。幷且，利息率既是因資本之蓄積而減少。則那班再不能依靠利息爲生之小的金息生活者們，就不得不自投入於工業之中以爲生活，而增加無產者的數目了。

最後，生產的資本愈益增加，則資本家愈不得不爲他所不知道的市場而生產，生產愈在消費的前面，則供給愈不得尋求有以壓迫需要，其結果，恐慌就愈增加其容積和速度。但是，一切的恐慌都促進資本的集中幷擴大無產者的數目。

因此，一旦生產的資本增加，而工人之間的競爭之增加尤其厲害。勞働的報酬是對於全體的人減少，而勞働的負担之增加却是在少數人的身上。

一八二九年，曼切斯特Manchester的三十六個工廠中，有一千○八十八個紡織工人。一八四一年，則只有四百四十八人，而這四百多工人却使用五萬三千三百五十三個紡綞，比一八二九年一千○八十八個工人所使用的紡綞還多。假使勞働的比例按照生產力而增加，則工人的數目就應該達到一千八百四十八人之數；因此，機械的改良，使一千一百工人都失掉工作。

我們預先知道經濟學家的回答。他們說：這些失掉了工作的工人，由他的氣力可以找得另一種職業。保林博士在經濟學者大會中沒有忘記宣布這種論據。然而他却也沒有忘記否難自己。

一八三三年，保林博士爲倫敦五萬紡織工人很久以來不能如自由貿易論者所預期的找得新職業，因饑餓羸弱而瀕於死，在下議院裏面有了一次演說。我們且把保林博士這篇演說之最重要的幾段舉出來：

他說；『手織工人的困苦，是由那容易學習，并且每時都爲那較便宜的方法所代替之各種勞働一個不可避免的事實。在這種情形之下，工人間的競爭既是極端的激烈，那嗎，只要需要稍微有一點減少的時候，就會引起一個恐慌出來的。手織工人已限於人類生存之某種界限之中，只要超過這種界限一步，他們的生存就要成爲不可能的。些微一點打擊，就可以把他們拋棄在衰微的地獄之中。機械的進步，既逐漸地消滅手工勞働，在過渡的期間就必然的會引起許多暫時的痛苦來。國家的幸福，只有由個人的痛苦之代價而取得的。人們只有犧牲落後者以促進工業的發展。在一切的發明中，使手織工人受最大的打擊的，就是蒸汽機械之發明。當許多物品是用手工製成的時候，手織工人就已經是被逐於競爭之外，但是當許多物品還是用手工製成的時候，那手織工人就更要失敗了。

以後他又說：『我身邊還有與東印度公司總督的通信在。這些通信是關於達卡 Dacca 地方的手織工人的。東印度公司總督在他的通信上說：在幾年以前，東印度公司收到印度土織的棉布是由六百萬疋到八百萬疋，以後需要逐漸的低減，低減到差不多只有一百萬疋。

『在這個時候，手織工人差不多完全停止了。並且，在一八〇〇年，北美洲從印度吸收出去的約有八十萬疋棉布，一八〇三年，所吸收去的還不到四千疋。最後，於一八〇〇年，吸到葡萄牙去的是一百萬疋棉布，而在一八三〇年，葡萄牙所吸收去的棉布，却只有二十萬疋。

『關於印度手織工人之窮困的報告是很可怕的。而這種窮困的原因是什麼呢？』

『這種窮困的原因就是由於英國的貨物充斥於市場，就是由於用蒸汽的紡織機來生產商品。有大多數的紡織工人死於饑寒；剩下來的人就跑到其他的職業方面去，特別是跑到農業方面去。若果不知道去改變職業，那就是死刑之宣告。並且在這個時候，達卡地方還挾有英國的棉紗和棉織物。以好看與堅固而著名全球之達卡棉紗，同樣地也被英國的機器競爭所壓倒了。在全部的商業史中，或者很難找出有與東印度各階級所受的那種痛苦相同的。』

保林博士的演說是很可注意的，而因他所舉的事實之確切尤其可注意，並且他那種所要掩蔽事實的語句，與自由貿易論者之演講所賦有之假仁假義的性情完全一致。他把工人看作是種生產手段，是應當為那些較為便宜的生產手段所替代的。在他所謂之勞働中，他似乎看見有一個完全例外的勞働，並且在那個消滅手織工人的機器中，他似乎還看見有一個完全例外的機器。他忘記了沒有任何一種手工勞働不是一天天的遭受與紡織業同一的命運。

『機器中之永恒的目的與一切改良的傾向，實際上是完全為節省人工或減低人工的價格，

203

而以幼童與婦女的工業代替成年人的工業。在大部份的紡織工廠中，英語所稱爲 throstle Mills，執行紡織事務的，完全是十六歲或十六歲以下的少女。以自動的紡織機來代替通常的手織機，其結果是辭退大部份的紡織工人，而留着幼童與青年。

最熱烈的自由貿易論者于爾博士 Dr. ure 所說的話，可以補充保林先生的懺悔。保林先生說到了個人的禍害，而同時並說到，這些個人的禍害，可以消滅整個的階級，他又談到過渡期間之一時的痛苦，而同時他不否認這種一時的痛苦，是爲大多數人由生到死之過渡時期，並且是其餘的人由前此優越地位到劣等地位之過渡時期。以後，若果他說到，工人們的不幸，就是與工業的進步不能分開的，並且也是國家的福利所必要的，那他只簡簡單單的是說，資產階級的幸福，是以勞働階級的苦痛爲必要的條件。

保林先生向瀕死的工人所給予的一切安慰，以及自由貿易論者所建立的報償之說，都可以歸結到下面的一些話來：

你們成千萬垂死的工人們不要憂愁罷！你們可以很安安靜靜的去死罷！你們的階級是不會死去的。你們的階級人數衆多，資本家也殺戮不了許多，因此，你們也不要害怕你們的階級之滅亡。幷且，若果資本家不常常很仔細地保持剝削的材料如工人來被他重新剝削，那嗎，你又將如何能够使資本找得出一種有益的用途來呢？

但是，又爲什麼提出自由貿易之實現對於工人階級的地位所發生的影響，而視爲是要解決的問題呢？從革甾 quesnay 一直到李嘉圖，經濟學者們所提出的一切規律，是在假定妨害商業自由的障礙再不存在的前提之下而成立的。這些規律因自由貿易之實現而確定。這些規律之第一種，就是競爭他使一切商品之價格縮減到他的生產費用之最低度。因此，工資的最低度，就是勞働的自然價格。然而什麼是工資的最低度呢？工資的最低度，就是恰恰只足够維持工人使他能產生必需的貨品，好壞參半的生活，使他足以維持生存，而多少繁殖他的種類。

我們不要因此就相信工人只有這種起碼的工資，我們也更不要相工人總是有這種起碼的工資呢：

不，根據這種規律，工人階級有時還比較幸福些的，他有時還得到最低限度以上的工資。但是這種剩餘，只能補充他在工業停滯時期所得到比最低限度更少的部份而已。這就是說，在總是帶定期性的某一定時期中，即在工業經過發達，生產過剩，停滯，恐慌的變遷所形成的形環圈中，工人階級或得到最低限度以上的工資，或得到最低限度以下的工資；這就是說工人階級只有經過許多的痛苦，貧困，以及在工業戰鬪場中的流血犧牲以後，才能够保持成爲階級。然而不如此又有什麼關係呢？階級總常是存在的，並且還更有甚於此，階級總常是擴大的。

還不僅如此。工業的進步，產生更加便宜的生存手段。是因此，所以燒酒就代替了啤酒，棉花就代替了羊毛苧蔴，馬苓薯就代替了丏包。

因此，如同人們常常找出最低賤的貨物以及最苦難的生活來作維持勞働者生活的方法，所以最低限度的薪資就常是低減。若果薪資其起首是為着使人們因生活而勞働，那嗎，其結果就是使人們過着一種機器的生活了。勞働者的生存除脫了是一種簡單的生產力以外別無其他的價値，而資本家實際上也是這樣地看待他們。

此種商品勞働的定律，最低工資的定律，只要經濟學者們，自由貿易的假定是成了一種眞理，成了一種現實時，就是要証實的。因此，兩種事必居其一：或者否認建築在自由貿易的假定上之一切的經濟學，或者承認在自由貿易之下，工人們就要嚴酷的受經濟的定律之影響。

我們總括起來說：在社會之現存的狀態中，究竟什麼是自由貿易呢？自由貿易就是資本的自由。若果你們能把妨害資本進行之一些國家的障碍消除，那嗎，你們所得到的行動就是完全自由了。只要你還讓資本與薪資勞働的關係存在，只要商品與商品之間的交易常在最有利益條件之下而實行，那嗎，也就總有一個剝削階級與一個被剝削階級之存在。自由貿易論者以爲資本之更有利益的使用，就可以消滅工業資本家與薪資勞働者之間的對抗，這實在是令人難懂的地方。然而却還相反，資本家與勞働者對抗的結果，就是這兩個階級的對立有更明顯的表示。

姑且暫時承認再沒有什麽谷物稅，國稅，地方稅的條例，總之，凡是工人可以認爲是他的貧困地位的原因之一切偶然的事故都消除盡了，那你就是把遮蔽工人眼睛之眞正的敵人之重重黑幕都揭破了。

然而工人却知道，成爲自由的資本之使他變成爲奴隸，並不比爲關稅所妨礙的資本爲少。

各位先生，你們不要被自由那個抽象的名詞所欺騙。所謂自由，是什麽人的自由呢？這並不是簡單的這一個人對於那一個人的自由，只是資本要榨取勞働者之自由。

因爲這種自由不過只是築建在自由競爭之上的一個產物。那嗎，你怎麽還能够以此種自由的觀念來處決自由競爭呢？

由自由貿易在同一的，單獨的一個國家之各階級中所生出來的博愛是什麽，我們在上面已經講過了。其實，在地球之上各種不同的國家中，自由貿易所建立的博愛，也就很少有什麽博愛了。用博愛這個名詞來指定帶宇宙性的剝削，這只有在資產階級的懷胎中所產生出來的一種思想。自由競爭使一國內所發生之一切破壞的現象，都大大地反映到國際的市場上去了。我們也無需更詳細地討論自由貿易論者對於這個問題的詭辨，自由貿易論者之與我們那三位得獎者如何卜 Hope. 莫爾士 Morse ，克來格 Gregg 先生們是一致的。

例如有人向我們說，自由貿易他產生出國際的分工來，而國際的分工，就使各地方一種生產與他自己的天然利益相調和。

各位先生，你們或者還以爲咖啡與沙糖的生產，就是西印度之自然的生產罷。然而在兩世紀以前，與商業絕少關係的自然界，既沒有使那個地方長咖啡樹，又沒有使那個地方產生甘蔗。

恐怕還不要到半世紀，你在那個地方就找不出咖啡與沙糖來，因爲東印度，以便宜的生產，就已經很勝利的戰勝了西印度這種所謂自由的命運了。而此種具有天然特產的西印度，他加於英國人的一個担負，也同於從手織工業時代所加之於達卡的紡織工人的担負一樣重了。

還有一件永遠不要忘記的事情，就是雖然一切都已經成了專利，而在我們今日，也還有些工業部門，支配其他一切的工業，並且使經營這種工業的國民，掌握國際市場的霸權。因此，在國際貿易中，只有棉花，他比其他一切爲製造衣服所使用的原料，具有商業上更大的價值。並且我們要看見自由貿易論者在各種工業部門中指出幾種特產物來，並把他拿來與工業最發展的國家所產生最便的日用品相抵償，却眞是很可笑的了。

若果自由貿易論者不能够懂得，爲什麼一個國家家以犧牲其他的一個國家而致富，那我們也是用不着驚異的；因爲同是這些先生們，也不願意懂得爲什麼在一國以內，一個階級，可以犧牲別的一個階級而致富呢。

各位先生，你們不要以爲我們批評了自由貿易，便是有意來擁護保護制度呢？猶之於是立憲制度的仇敵，就不因此而是舊制度的好友。

再則，保護制度不過只是在一個大工業的國家中所建立的一個方法，換言之，就是依賴於國際市場的一個方法；並且只要依賴於國際世場，就已經差不多是倚賴於自由貿易了。除此以外，保護制度就是要在一個國家內部發展自由競爭。是因此，所以在資產階級開始表現有階級意識的國家如德國，他就費去了很大的氣力而得到關稅保護權。武器之反對封建制度，並且反對專制政府。也是爲着資產階級，在一個國家的內部，才有集中權力，實現自由貿易的一個方法。

不過，概括言之，在我們今日，自由貿易制度是破壞的，他破壞了舊日的國民性，而使資產階級與無產階級之間的衝突達於極點了。總之，自由貿易制度是促進了社會革命。各位先生，我之其所以贊成自由貿易，只就這種革命的意義上講。

一九三二年七月初版（一——二〇〇〇）

哲學之貧乏

實價八角

原著者　馬克思

譯者　許德珩

發行人　史惠生

印刷者　擷華印刷局

發行者　北平東亞書局　琉璃廠

代售處

天津直隸書局　保定翠玉山房　太原覺民書報社　石家莊文德堂書局　綏遠明善堂書局　唐山慣餘書局

哈爾濱大東書局　長春同文書局　吉林裕興書莊　遼寧大東書局　寧夏四和永書局　西安大公報分館

正定文化書局　彰德文運書局　易縣萬德書局　冀縣博文堂書局　遵化同益書局　上海各大書局